KB053414

세상을 이끄는 모든 리더를 위한 성공 지침서

윌리엄 H. 맥레이븐

리더의 지혜

리더로서 갖추어야 할 18가지 계명

윌리엄 H. 맥레이븐 지음, 이재욱 옮김

미래지식

윌리엄 H. 맥레이븐

리더의 지혜

- 리더로서 갖추어야 할 18가지 계명 -

미 해군 네이비 실Navy SEALs의 특수전 훈련BUD/S, Basic Underwater Demolition/ SEAL training 시설 입구에는 180cm 키에 반 인간 반 물고기로 된 파충류 괴물이 서 있다. 그 괴물은 툭 튀어나온 검은 눈에 물갈퀴가 달린 손과 발을 가지고 있다. 그의 아가미는 펄럭이고 있고, 한 손에는 세 갈래로 길게 갈라진 삼지창을 들고 있으며, 그의 목에는 다음과 같이 쓰인 표지판이 걸려 있다.

"그러니까 네가 개구리 용사가 되고 싶다는 말이지!"

이 괴상한 괴물은 훈련장을 가로질러 그라인더로 걸어가는 모든 훈련생에게 도전장을 내민다. 그라인더는 앞으로 6개월 동안 수천 시간의 체력 단련을 하며, 전투로 단련된 전사들을 끝없이 괴롭히고, 훈련생들이 인생에서 결코 마주하지 못한 신체적, 정신적 고통을 맛보게 할 공간이다. 이 고통에 추가로 뼈가 얼어붙는 바다 수영, 수 킬로미터의 모래사장 구보, 잔인한 장애물 코스 그리고 모든 것을 쏟아부어야 살아남는 '지옥 주Hell Week'가 훈련생들을 기다린다.

해군 특수전 훈련을 시작한 지 34년이 지난 지금, 나는 현역에서 가장 오래 복무한 개구리 용사이자 해군 특수전 요원으로서 '황소개구리(현역에서 가장 오래 복무한 미 해군의 엘리트 특수부대 요원에게 주어지는 칭호)'로 임명될 것이다. 거의 약 40년의 복무 기간 동안 나는 개구리 용사였고, 다른 개구리 용사들을 이끄는 데 필요한 수많은 것을 배울 수 있었다. 그뿐만 아니라 육군 그린베레, 레인저, 공군 조종사, 특수전술요원, 해병대 수색대, 해군 함정 및 잠수함 장교들 그리고 정보, 법 집행 전문가, 공무원, 의사, 연구원, 기술자, 학생 및 교직원들을 이끌게 되어 영광이었다.

나는 해군학군사관 후보생부터 4성 제독까지 그리고 텍사스 대학교 총장에 이르기까지 매일, 매주, 매월, 매년, 10년마다 새로운 리더십 수업을 제공했다. 내가 경험을 통해 얻은 교훈들은 쉽게 배운 것도 있지만, 어떤 교훈들은 큰 고통을 가져다주기도 했다. 하지만 모든 교훈에는 그만한 가치가 있었다. 그 모든 것은 삶이 내게 제시하는 도전에 대처하는 데 큰 도움이 되었다.

하지만 리더십은 절대 쉽지 않음을 명심해라. 리더십의 짐을 쉽게 짊어질 것 같은 사람들도 종종 어려움을 겪는다. 18세기의 위대한 장군 카를 폰 클라우제비츠Carl von Clausewitz는 그의 저서 《전쟁론》에서 "전쟁에서는 모든 것이 간단하지만, 간단한 것이 더 어렵다"라고 말했다.

2009년 아프가니스탄으로 돌아오는 길에 나는 외교 정책 잡지를 읽고 있었다. 그 잡지에는 두 편의 기사가 있었는데, 둘 다 아프가니스탄 동부 해안 지역의 학자들이 쓴 기사였다. 교수들은 미군이 어떻게 아프가니스탄 전쟁에서 승리하는 최선의 방법을 알지 못하는지 설명했다. 그들은 군이 도로만 건설한다면 마을과 지역을 쉽게 연결할 수 있고, 더 많은 도로로 지방을 연결하고 마지막으로 수도까지 연결할 수 있다며 조롱 섞인 글을 썼다. 그리고 이 모든 도로를 건설하면 아프가니스탄인들이 번영하고 탈레반을 이길 수 있을 만큼 충분히 강해질 것이라고 주장했다. 그렇다. 군대가 해야 할 일은 도로를 건설하는 것이었다. 음, 왜 우리는 그 생각을 하지 못했을까? 사실은 우리도 그런 생각은 했다! 다만 누군가가 총을 쏘고 폭탄을 던지려고 할 때, 도로를 건설하기가 무척 어려울 뿐이다.

이것이 리더십의 본질이다. 리더십의 모든 것은 단순하지만, 이 단순한 것들이 실제로는 더 어렵다.

"위대하고 정직한 사람이 되어라" 또는 "전선에서 이끄는 자가 되어라", "부하들을 돌봐라" 하는 말은 간단하지만, 실제로 실천하기는 어렵다. 우리는 인간이고, 우리 각자에게는 결점과 약점이 있으며, 우리가 어떻게 리더십을 발휘하는지에 따라 많은 영향을 받기 때문이다.

그러나 리더십은 어려운 만큼 복잡하지도 않다.

가장 단순한 형태의 리더십은 '기관의 무결성을 유지하면서 보유한 인력과 자원으로 업무를 수행'하는 것이다. 훌륭한 리더는 함께 일하는 사람들에게 영감을 주는 방법과 그 일을 완수하는 데 필요한 인력과 자원을 관리하는 모든 방법을 알고 있다. 하지만 리더십은 단지 주어진 일을 완수하는 것만 뜻하진 않는다. 그것 또한 당신이 속한 기관의 명성을 유지하거나 발전시키는 것에 관한 것이다.

운동선수들이 우수하게 성과를 내던 도중에 비도덕적인 추문에 휘말렸다는 기사를 얼마나 자주 보았나? 또는 많은 돈을 벌었지만, 결국 법을 어겼다는 이유로 파산한 금융기관에 대해서도 들어본 적이 있을 거다. 리더로서 자신이 이끄는 기관이 실패하면 그 리더십은 실패한 것이다. 다시 한번 말하지만, 리더십은 어렵지만 복잡하지는 않다. 제대로 하기 위해 정교한 차트, 미적분 공식 또는 복잡한 알고리즘이 필요하지는 않지만, 약간의 지침이 필요하다.

리더십의 어려운 본질을 단순하게 만들 방법을 생각해 보자. 수천 년 동안 군은 좌우명, 신조, 비유, 이야기를 통해 지휘관과 대원들을 격려하고 동기를 부여하며 이끄는 데 의존해 왔다. 이런 행위들은 군인들이 충실하게 복무할 수 있도록 돕는 역할을 한다. 또한 기억을 자극하고 반응을 유발하며, 불확실성 속에서 개인의 행동을 이끌어 주는 영감을 제공한다.

나 역시 내 행동을 올바른 방향으로 이끌기 위해 이러한 것들에 의

존했는데 어려운 결정을 내려야 할 때마다 나는 스스로 "긴 녹색 테이블 앞에 설 수 있는가?"라고 묻고는 했다. 제2차 세계대전 이후, 군사 회의실에서 사용하는 회의 테이블은 좁고 길며 늘 초록색 천으로 덮여 있었다. 여러 명의 고위 장교들은 문제를 해결하기 위해 이 테이블 주변에 모이곤 했다.

다시 말해서, 만약 장교들 앞에서 자신 있게 주장을 펼칠 수 없다면, 당신의 행동을 다시 생각해 봐야 한다는 것이다. 중요한 결정을 내리려 할 때마다 항상 자신에게 물어보았다. "긴 초록색 테이블 앞에 서서 내가 올바른 행동을 위해 최선을 다했다고 스스로 만족할 수 있을까?" 이것은 리더가 자신에게 던져야 할 가장 기본적인 질문 중 하나이며, 올바른 행동이 무엇인지 기억하게 해준다. 이와 동등한 힘을 지닌 다른 격언들도 있다.

미국 육군 레인저의 '자발적으로', 영국 특수부대의 '용감한 자가 승리한다' 그리고 미국 해군 특수부대의 신조 '쉬운 날은 어제뿐이다'와 같은 격언들이 있다. 이런 신조들은 모두 역사적인 배경을 가지고 있으며, 당시 지휘관들이 특별한 결단을 내리게 도와주었다. 또한 전투의 열기 속에서 리더의 결단력을 강화하고 부대의 동기부여를 위해 사용되었다. 이런 신조는 모두 경험으로부터 탄생한 것으로, 불의의 시련을 거쳐오며 문제에 대응하기 위해 기억해야 할 가치 있는 말이다.

이 책에서는 지금까지 내 경력을 만들고 나를 이끌어 올바른 방향으로 안내해 준 18개의 이야기들을 정리했다. 이 이야기는 모토, 비유,

신조 그리고 어려운 리더 역할과 도전에 직면했을 때 도움이 되었던 이야기들이다. 나는 이를 '개인의 자질'과 '전문적인 행동' 두 가지 부분으로 나누었다. 모든 리더는 특정한 자질들을 지녀야만 훌륭하게 조직을 이끌 수 있다. 하지만 강한 성격만으로는 성공할 수 없다. 리더로서 당신은 계획을 세우고 그 의도를 전달하고 진행 상황을 검토하며 사람들(그리고 자신)에게 책임을 요구하는 행동을 해야 한다. 자질과 행동은 위대한 리더가 되기 위한 기본적인 구성 요소이다. 진정한 황소개구리가 되기까지의 길은 쉽지 않았다. 곧장 정상으로 가는 길은 없지만, 이 책을 통해 정상으로 가는 길을 훨씬 더 쉽게 찾을 수 있는 지혜를 얻길 바란다.

차례

01

불명예보다
죽음을

"세상에서 가장 비극적인 일은 명예롭지 않은 천재이다."

_ 조지 버나드 쇼 *George Bernard Shaw*

'명예'

오늘날에는 이 단어가 조금은 구식으로 들릴 수 있다.

'명예로운 신사 숙녀께, 부모님께, 판사님께' 등 수천 년 동안 '명예'라는 단어는 그 의미와 가치를 가졌고, 자신을 나타내는 중요한 것 중 하나로 여겨졌다.

가족을 명예롭게 했는가?

국가가 도움이 필요할 때 국가를 위해 봉사했는가?

경건하게 신앙을 숭배하고 존경했는가?

전설에 따르면 '불명예보다 죽음'이란 말은 자신들의 가치를 훼손하기보다는 죽음을 각오한 그리스 스토아인들로부터 시작되었다. 나중에 율리우스 카이사르 Gaius Julius Caesar는 "나는 죽음보다 명예라는 이름을 더 사랑한다"라고 말했다. 일본의 사무라이들은 명예의 전통에 깊이 뿌리를 내리고, 천황에 대한 복무를 불명예스럽게 하지 않기 위해 언제나 죽음을 감수했다. 그리고 현대에 이르러 미국 해병대는 전설적인 해병 중사 존 바실론 John Basilone이 왼팔에 문신으로 새긴 '불명예보다 죽음 Death Before Dishonor'이라는 문구를 비공식적인 신조로 채택했다.

안타깝지만 수천 년의 역사 속에는 부도덕하고 사악한 행동을 '명예'로 위장한 사람들도 있었다. 그러나 진정한 명예 즉, 옳은 이유로 옳은 일을 하는 사람이 되는 것이 위대한 리더십의 기초이다. 그것을 통해 동료들은 여정의 험난한 과정과 고난을 함께 헤쳐 나가게 될 것이다. 그러나 명예가 없다면, 당신이 이루는 그 어떠한 것도 아무런 가치가 없다. 그리고 만약 한 번이라도 직장, 가족, 국가 또는 믿음을 불명예스럽게 만든다면, 당신의 리더십은 그 흔적을 영원히 지울 수 없을 것이다.

미국 육군사관학교의 대강당 단상에 올라가는 순간, 내 앞에 서 있는 사관생도들의 모습에 깊은 감명을 받았다. 놋쇠 단추와 금줄로 가득한 회색 제복을 완벽하게 차려입은 미국 최고의 청년들이었다. 전쟁 중 육군에 자원한 이들은 복무 기간 동안 적과 충돌할 가능성이 높다는 걸 알면서도 입대한 사람들이다. 대강당 안의 곳곳에는 그들 전에 활동했던 주목할 만한 군인(그랜트, 퍼싱, 아이젠하워, 패튼, 맥아더)들의 기념비와 의무, 명예, 국가의 가치에 대한 미국 헌신의 상징들이 벽에 걸려 있었다.

2014년 미국 통합특수작전사령부 사령관으로서 나는 미국 육군사관학교 졸업을 500일 앞둔 3학년 생도들을 축하하는 500일 행사에 연설자로 초대되었다. 나는 육군사관학교 졸업생도 아니고, 육군 장교도 아니었기 때문에 이런 기회가 주어진 것이 정말 영광이었다.

그때 '해군의 시각으로 본 육군'이라는 제목으로 연설했는데, 지난 12년간 전쟁에서 뛰어난 대원들과 함께 근무한 경험을 바탕으로, 젊은 생도들에게 조금은 다른 시각을 제공할 것 같았다. 먼저 나는 역사서에 등장하는 육군이나 캠퍼스 곳곳의 수많은 벽화에 그려진 육군과 실제 육군이 다름을 분명히 했다. 지금 말하는 것은 오늘날의 문제를 가지고 있는 육군이며, 오늘날의 군인이다.

실제로 리더십은 간단히 설명할 수는 있지만, 실생활에서 활용하기는 매우 어렵다. 리더십은 인간의 상호작용이기 때문에 어려운 상황에서 사람들을 이끄는 것은 매우 두렵고 힘들며 복잡한 일이다. 그 일을 잘하는 장교들은 대원들의 존경을 받는다.

나는 마지막 말을 신중히 선택했다. 그날 아침에 나는 돌벽 위에 새겨진 믿을 수 없을 만큼 강력한 생도 명예 규약을 봤기 때문이다.

그것은 다음과 같다.

'생도는 거짓말을 하지 않으며, 부정행위를 하지 않고, 훔치지 않으며, 그렇게 하는 사람들을 용인하지 않을 것이다.'

명예 규약 아래에는 사관학교의 임무가 있다.

미국 육군사관학교의 임무는 패튼과 같은 천재들, 4성 장군 또는 미국 대통령을 양성하는 것이 아니다. 그곳의 임무는 '자질을 갖춘 리더'를 양성하는 것이다. 그리고 명예 규약은 그 자질의 기반이 되고, 일상적인 삶보다 더 높은 수준의 삶을 열망하는 사람들에게 손짓한다. 일상적인 삶보다 더 높은 수준의 삶을 사는 것이란, 다른 사람들이 원칙 없이 행동할 때도 품위를 지키고, 다른 사람들이 무례하게 행동할 때도 존경할 만한 태도를 가지며, 다른 사람들이 부정직하게 행동할 때도 정직한 인격을 지닌 사람이 되는 것이다.

각 군에서 위대한 장교들을 지휘하고 또 지휘를 받으면서 내가 가장 중요하게 여긴 것은 자질과 개인적인 명예 규약을 바탕으로 어려운 시기를 극복하는 데 있었다. 장군들이 결국 무너지는 모습을 보거나, 그들의 치부들이 공개되어 인격적인 실패가 드러날 때, 영향을 받기 쉬운 젊은이들에게 명예 규약은 허황한 말로만 존재하는 것으로 여겨질 수 있다. 우리는 삶의 추악함을 마주하면 피로해지고, 우리가 영웅으로 여기던 사람들이 비틀거리면 냉소적으로 되기 쉽다.

그러나 의심의 여지 없이 위대한 지도자가 되고 싶다면, 당신은 자신의 행동과 결정에 앵커 역할을 하는 개인적인 명예 규약을 가져야 한다. 그 명예 규약은 당신이 길을 잃었을 때 옳은 곳으로 돌아가도록 지탱해 줄 것이다. 우리 대부분은 언젠가는 길을 잃을 때가 있다. 우리는 모두 인간이므로 잘못된 결정을 내리기도 하고, 어리석은 행동을 하기도 하며 후회도 한다. 그런데도 우리는 모두 존경받을 만한 가치가 있는 사람이 되기 위해 애쓰고 노력해야 한다.

1978년, 내가 네이비 실에 들어갔을 때 모든 작전 요원들은 베트남전 참전 용사들이었다. 그들은 강인하면서도 불손하고 때로는 반항적이었지만, 그들 성격의 기반에는 강직하고 굳건한 부분이 여전히 존재했다. 비록 그들은 인간성을 시험하는 어렵고 지독한 전쟁을 겪었지만, 정직하고 명예로운 사람이 되어야 한다고 생각했다. 그리고 베트남 전쟁의 참전 용사들처럼 오늘날 네이비 실은 어둠의 그늘을 갖고 있지만, 그들의 행동 기준은 여전히 높다. 2005년에 와서 네이비 실의 윤리 행동 강령을 체계적으로 정리했는데, 그 일부분을 인용하면 다음과 같다.

'전장 안팎에서 명예롭게 복무하라. 타협 없는 성실함이 나의 기준이다. 내 말이 곧 나의 약속이다.'

네이비 실 윤리는 다른 부대의 행동 규범과 매우 유사하다. 미국 육군 레인저의 신조는 "나는 항상 레인저의 명성, 명예 및 높은 단결 정신을 유지하기 위해 노력할 것이다"라고 한다. 그린베레의 신조는 "나는 자신과 나의 행동 모두에서 명예와 정직을 유지할 것을 약속한다"라고 하며, 해병대 수색대는 "나는 내게 전해진 전통과 명예와 용맹을 지킬 것이다. 언제나 옳은 일을 할 것이다. 나 자신이나 함께 복무하는 이들에게 수치심을 주지 않을 것이다"라고 한다. 물론 이런 신조들이 군에서만 존재하는 것은 아니다. 걸스카우트 선서는 "정직하고 공정하게 세상을 더 좋은 곳으로 만들 것"이라고 말한다. 보이스카우트 선서는 "나의 명예를 걸고 최선을 다하며 도덕적인 삶을 살 것"이라고 말한다. 그리고 나는 히포크라테스의 선서가 다른 어떤 것보다 신조의 중요성을 가장 잘 포착한다고 생각한다. 히포크라테스 선서의 마지막 단락은 "내가 이 서약을 충실히 지키며 부패하지 않는 한, 모든 사람으로부터 존경받는 삶을 온전히 누리는 것이 허락되기를 바란다. 그러나 만약 내가 이 서약을 어기고 위반한다면, 그 반대의 운명이 내게로 찾아올 것이다"라고 한다.

수십억 달러를 벌었고, 사업에서 성공한 사람 중에서도 양심의 가책이 없고 도덕적 기준도 없는 사람들은 항상 있다. 그러나 이처럼 청렴성의 결여, 잘못된 행동은 대개 해로운 직장 문화, 실패한 사업 또는 개인적인 비극으로 나타날 수 있다. 당신이 맹세한 행동 규범을 위반하고, 사업을 운영하는 데 필요한 기본적인 예의를 어긴다면, 결국 당신은 사람들의 존경을 잃게 될 것이고, 그 반대의 운명이 당신을 찾아올 것이다.

옳은 일을 하는 것은 중요하다. 리더가 일상적으로 그것을 실천할 때 해당 조직의 문화를 발전시키고, 다음 세대의 리더를 발전시키기 때문이다. 만약 당신이 성품이 부족한 사람이라면, 그 조직 문화는 그렇게 반영될 것이고, 다음 세대의 리더들은 실패를 맞이할 것이다. 나는 종종 올바른 일을 하는 것이 어렵다는 말을 자주 듣는다.

절대 그렇지 않다!

우리는 항상 무엇이 옳은지 알고 있지만, 때때로 그것을 실행하기가 매우 어렵다. 실패를 인정해야 새롭게 행동할 수 있기에 더 어렵다. 올바른 결정은 당신의 친구와 동료들에게 영향을 미칠 수 있기에 어렵다. 옳은 일을 함으로써 이익을 얻지 못할 수도 있기에 어렵다.

그렇다, 사실은 어려운 일이다. 그것을 리더십이라고 부른다. 도덕적 원칙을 가지고 성실한 사람이 되는 것은 리더에게 가장 중요한 미덕이다. 가장 단순한 의미로는 미국 육군사관학교의 명예 규약을 보면 알 수 있다. "거짓말을 하지 않고, 속이거나 훔치지 않으며, 그런 행동을 용인하지 말라" 즉 이는 다르게 보면 직원, 고객 및 대중에게 정직해야 한다는 것을 의미한다. 사업상 거래는 공정해야 하며, 다른 사람들에게 당신이 받고 싶은 대로 대우해야 한다. 만약 이런 말이 다소 진부하게 들리거나 마치 주일학교에 있는 것처럼 느껴지더라도 새겨듣자. 청렴한 사람이 된다는 것은 위대한 리더와 평범한 리더를 구분 짓는 요소다. 해군 특수작전 요원으로서 37년간 경력을 가진 나로서는, 자신의 부족한 점을 너무 염두에 둔 나머지 독자들에게 살아가며 어떻게 행동해야 하는지를 알려주는 데 있어 지나치게 독선적일 수도 있다. 하지만 내가 겪은 바에 따르면 항상 일련의 원칙들이 내 인생과 경력에서 가장 어려운 시기에 많은 도움이 된다는 것을 발견했다.

당신은 다른 지혜의 공리들을 터득하기에 앞서 명예와 진실성을 지닌 사람이 되기 위해 노력해야 한다. 그것이 위대한 리더들이 평범한 리더들과 다른 점이다.

언제나 그렇듯이 쉽지 않을 것이다. 하지만 복잡하지도 않다.

· Tipping point

1. 사업상 거래를 할 때는 공정하고 명예롭게 행동해라.
   그것이 당신과 당신의 직원들이 자랑스러워할 유산을 남길 수 있는 유일한 방법이다.

2. 거짓말을 하거나 남을 속이거나 훔치는 사람들을 절대 용납하지 마라.
   조직의 문화는 당신으로부터 시작된다.

3. 스스로 판단력이 부족한 부분을 인정해라. 누구에게나 있는 일이다.
   문제를 해결하고 선량한 성품을 갖춘 사람이 되도록 해라.

02

신뢰는 쉽게
만들 수 없다

"사람들이 올바르고 완전한 신뢰를 받으면,
그들의 신뢰를 돌려줄 것이다."

_ 에이브러햄 링컨 *Abraham Lincoln*

나는 중앙정보국CIA 본부 앞에 있는 작은 주차장에 차를 세우고 남색 해군 군복을 입은 채 계단을 올라 본부 건물로 들어갔다. 바닥에는 중앙정보국의 문양이 그려져 있었는데 파란색 바탕 가운데에 빨간색 별 모양의 흰 방패, 그 위로는 머리를 오른쪽으로 돌린 독수리가 있었다.

왼쪽에는 임무 수행 중 전사한 요원들을 기리는 기념비가 있었고, 그 밑에 있는 명예의 책에는 전사한 요원들의 이름이 적혀 있었다. 중앙정보국을 방문한 지 벌써 여러 해가 지났지만, 이 단순한 대리석 석조와 희생을 상징하는 별들을 볼 때마다 끊임없이 감동한다. 보안요원이 있는 쪽으로 다가가자, 나를 안내해 줄 사람이 기다리고 있었다.

"사령관님, 다시 뵙게 되어 반갑습니다."

개찰구를 지나갈 때 그녀가 말했다.

"국장님이 집무실에서 기다리고 계십니다."

나는 합동 특수작전사령부 사령관으로서 중앙정보국의 새로운 국장인 레온 파네타 Leon Edward Panetta와 만날 예정이었다. 왼쪽으로 꺾인 작은 복도로 들어간 뒤, 국장 전용 엘리베이터를 통해 7층에 위치한 대기실에 도착했다. 그곳에는 또 다른 안내자가 있었고, 그는 미소를 지으면서 정중한 태도로 커피를 제공하며 말했다.

"국장님께서 곧 오실 예정입니다."

기다리는 동안 나는 레온 파네타에 대해 알고 있는 것을 머릿속에 떠올려 보았다. 이탈리아 이민자의 자녀로, 그는 캘리포니아 몬터레이의 피칸 농장에서 태어나서 자랐고, 산타클라라 대학교에서 법학 학위를 받았다. 파네타는 짧은 시간 육군에서 복무한 후, 여덟 번의 국회의원, 예산관리국 사무국장, 빌 클린턴 대통령의 비서실장 등의 직책을 수행하며 믿을 수 없을 정도로 뛰어난 경력을 쌓았다. 또한 그는 뛰어난 유머 감각과 따뜻한 성격, 예리하고 날카로운 지성을 가진 것으로 유명하며, 외적으로는 사교적이지만 내적으로는 근성 있게 일하는 사람이었다. 하지만 워싱턴에서의 다양한 경험에도 불구하고, 중앙정보국 국장은 파네타가 이전에 해본 어떤 것과도 전혀 다른 일임을 알고 있었다. 게다가 군과 중앙정보국은 때로는 사랑과 미움이 공존하는 애증의 관계였다. 우리는 항상 자원, 임무, 인재를 놓고 경쟁하였고, 이제 나는 그 관계에서 레온 파네타가 어느 쪽에 서 있는지 알아보려던 참이었다.

몇 분 후에 나는 파네타의 사무실로 들어갔다. 그는 큰 미소를 지으며 손을 내밀면서 말했다.

"레온 파네타입니다. 만나서 정말 반갑습니다!"

"저도 만나서 반갑습니다, 국장님."

"오, 그냥 '레온'이라고 불러주세요."

파네타가 말했다.

"죄송합니다. 국장님, 그럴 일은 없을 것 같습니다."

그는 나와 함께 웃었다.

방 안에는 반원을 그리며 사람들이 서 있었는데 모두 중앙정보국의 고위 간부들이었다. 파네타는 첫 번째로 소개한 사람에게 손짓하며, 그를 운영국장이라고 소개했다. 운영국장은 얼굴에 약간의 미소를 짓고 눈을 반짝이며 나에게 인사했고, 나도 고개를 끄덕였다. 그다음으로는 분석국장을 소개했다. 그리고 파네타는 각 지역 및 기능국장을 소개했고, 나는 줄을 따라 예의 바르게 악수하며 걸어갔다. 모든 인사를 마치고 나서, 파네타는 나에게 회의용 탁자에 앉을 것을 권했다.

"다시 한번 와 주셔서 감사합니다, 빌. 우리 중앙정보국과 합동 특수작전사령부 사이의 관계는 매우 중요하며, 당신이 우리 고위 간부들과 만나는 시간을 통해 서로에 대한 신뢰를 쌓기를 원했습니다."

"감사합니다, 국장님. 하지만……."

나는 이어서 말하려고 잠시 망설였다.

"하지만……."

그때 운영국장이 웃으며 말을 이어받았다.

"빌과 저는 2003년에 바그다드에서부터 알고 있었습니다."

그런 다음 테러방지센터 국장이 끼어들었다.

"빌과 저는 아프가니스탄에서 1년을 함께 보냈습니다."

그 뒤로 각 국장이 우리의 이전 경험을 되새기며 이야기했다. 예멘, 소말리아, 북아프리카, 사우디아라비아, 쿠웨이트, 이집트, 파키스탄, 필리핀까지……. 그러자 파네타는 웃음을 터뜨렸다.

"그러면 제가 당신과 함께 일한 적이 없는 유일한 사람인가요?"

나는 미소를 지었다.

"국장님, 대부분 우리는 테러와의 전쟁에서 함께 성장해 왔습니다."

"그래요, 좋아요."

파네타가 미소를 지었다.

"우리가 서로를 알아가는 데 시간을 쓸 필요는 없겠군요. 상황이 매우 급할 때, 우리는 신뢰를 쌓을 만한 시간이 없을 테니까요."

1년 후, 오사마 빈 라덴을 잡는 작전 계획을 돕기 위해 나는 다시 파네타의 사무실로 갔다. 레온 파네타는 오바마 대통령으로부터 빈 라덴을 체포하거나 사살하는 임무를 맡았다. 이 작전은 중앙정보국 내의 다른 부서에 쉽게 할당될 수 있었지만, 중앙정보국은 나의 특수작전부대가 임무를 수행하기를 원했고, 이 결정은 결코 즉흥적인 게 아니었다. 그것은 함께 일하며, 개인적인 관계와 전문적인 관계를 쌓은 여러 해의 결과였고, 그들의 신뢰를 얻은 결과였다. 그리고 우리가 상호 간에 많은 갈등이 있었을 때도 중앙정보국은 나와 나의 팀을 신뢰할 수 있다고 믿었다.

2014년 전역 후, 나는 2015년 1월 텍사스 대학교의 총장이 되었는데 텍사스 대학교 체제는 14개의 캠퍼스, 23만 명 이상의 학생과 10만 명의 교직원으로 구성되어 있었다. 학문적 배경이 없는 '비전통적인' 총장으로서, 나는 교수진과 체제 직원들로부터 처음에는 약간의 의심을 받았다. 나는 이전 총장들과 어떤 사적인 관계도 없었고, 텍사스를 거의 40년 동안 떠나 있었다. 모두가 내 군사 경력을 인정해 주는 것 같았지만, 그들은 여전히 내가 이 일에 적합한 사람인지에 대한 의문을 품고 있었다.

새로운 사업과 마찬가지로 나는 그들의 신뢰를 얻어야 한다는 것을 알고 있었고, 여러 해 동안 이와 비슷한 상황을 겪으며 나는 그 공식을 완벽히 숙지하고 있었다. 일찍 출근하고, 열심히 일하고, 늦게까지 머무르며, 계획을 갖고, 약속을 지키고, 직원들과 어려움을 나누고, 관심을 보이며, 실수를 인정하고, 그리고 언급했는지 모르겠지만 무엇보다 열심히 일했다.

스티븐 코비 Stephen Covey 의 저서 《신뢰의 속도》를 보면, 신뢰에는 '인격'과 '능력'이라는 두 가지 구성 요소가 있다고 말한다. 누군가가 정직한 인격을 가지고 있다는 것을 안다면 초기에는 그 사람을 신뢰할 수 있다. 그러나 그 사람이 약속을 잘 지키지 못하거나 일을 처리하는 데 무능하다는 것이 드러나면, 얼마 지나지 않아 그 사람을 더 이상 신뢰하지 않는다. 리더로서 당신의 능력은 개인적인 행동, 전문적인 태도, 문제 해결 능력, 일관성 등으로 측정될 수 있다.

홀륭한 리더가 되기 위해서는 직원들의 신뢰를 얻어야 한다. 그들이 당신을 믿지 않는다면, 당신을 따르지 않을 것이다. 신뢰를 쌓는 데는 시간이 걸리지만, 효과적으로 조직을 이끌기 위해 그 시간은 투자할 만한 가치가 있다.

· Tipping point

1. 직원들과 개인적인 관계를 맺어서 당신이 성실하고 믿을 만한 리더임을 보여 줘라.

2. 이행할 수 있는 것에 대해서만 약속해라.
   신뢰를 잃는 가장 빠른 방법은 과대하게 약속하고 이행하지 못하는 것이다.

3. 신뢰는 시간이 걸리는 과정이다. 서두르지 마라.

03

지휘할 때는
지휘하라

"우리 모두에게 삶은 쉽지 않다.
그런데도 우리는 인내심과 무엇보다도 자신감을 가져야 한다.
우리는 어떤 분야에 재능이 있다고 믿고 그것을 반드시
달성해야 한다."

_ 마리 퀴리 *Marie Curie*

나는 등을 곧게 펴고 앉아 30명의 동기 학군사관 후보생들과 짐 맥코이 대위의 미드웨이 해전에 대한 강의를 듣고 있었다. 텍사스 대학교 해군학군사관 후보생으로, 해군 역사는 신입생들을 위한 필수 과목이었다. 펠로폰네소스 전쟁을 시작으로 트라팔가르 해전에서의 넬슨 제독, 유틀란트 해전에서의 젤리코 제독 등을 지나 제2차 세계대전에서 가장 큰 해전 중 하나인 미드웨이 전투를 준비하고 있었다.

1942년 6월, 진주만 폭격 이후 불과 7개월 뒤였다. 일본 해군은 진주만에서 미국 항공모함 함대를 파괴하지 않은 실수를 깨닫고 미드웨이 섬에 함정을 계획하고 있었다. 오아후에서 약 2,000km 떨어진 미드웨이섬은 미국의 전략적 기지였다. 일본의 야마모토 제독은 만약 미국 해군이 전략적 기지 인근이 위협받는다고 느끼면, 그들은 이 섬을 보호하기 위해 진주만에서 그들의 항공모함을 출항시킬 것이라고 믿었다.

그가 옳았다.

야마모토 제독은 미국 해군의 항공모함을 유인하기 위해 자신의 병력 대부분을 은폐함으로써, 미국이 수적 우위를 가진 것처럼 보이도록 계획했다. 하지만 야마모토 제독은 미국이 일본의 암호를 해독하여 그 계획의 일부를 알고 있다는 사실을 몰랐다. 그러나 우리는 계획의 일부를 알고 있었음에도, 미국 해군이 전투에 참여할 수 있는지에 대해 많은 의문이 들었다. 산호해 해전으로 미국 해군 함정 요크타운은 거의 파괴되었고, 가장 경험이 많은 윌리엄 홀시 William Frederick Halsey 제독은 대상포진에 걸려 병원에 입원 중이었다. 워싱턴의 군 지휘부는 미드웨이섬 방어를 위해 함대를 투입하는 것에 반대했지만, 최종 결정은 태평양 함대 사령관인 체스터 니미츠 Chester William Nimitz 제독에게 맡겨졌다.

맥코이 대위가 불을 끄고 프로젝터를 작동시키자 화면에는 니미츠 제독의 사진이 전사되었다. 니미츠 제독은 눈에 띄는 흰머리에 강철 같은 푸른 눈을 하고, 얇고 진지한 미소를 지은 채 파란색 군복을 입고 있었다. 맥코이 대위는 니미츠 제독이 독일계이며, 이곳 오스틴에서 멀지 않은 텍사스 프레더릭스버그에서 태어나고 자랐다고 자랑스럽게 말했다. 니미츠 제독은 미국 해군사관학교를 우수한 성적으로 졸업했다.

맥코이 대위는 니미츠 제독의 역사를 어떻게 전달할지 잠시 고민하다가 1908년 니미츠 제독이 필리핀 근해에서 지휘했던 디케이터 함정의 좌초 사고를 설명하며 강의를 이어 나갔다. 당시 니미츠 제독은 직무 유기 혐의로 군법회의에 회부되었지만, 그 시점까지 뛰어난 성과를 거두었기 때문에 처벌은 견책으로 그쳤다. 니미츠 제독의 성향은 이 좌초 사고에 의해 형성되었는데, 그는 지휘에는 큰 책임이 따르지만 결단력이 필요하고 항상 옳은 결정을 내릴 수 없음을 받아들였다. 니미츠 제독은 제1차 세계대전 중 잠수함 함대에서 근무한 후 진급하여 제2차 세계대전에서 태평양 함대 사령관이 되었다.

1942년 봄, 미드웨이에서 일본의 의도에 대한 정보는 충분하지 않았다. 많은 제독이 미드웨이 방어에 대한 노력의 전략적 이익에 의문을 제기했다. 그리고 또 다른 장교들은 만약 미드웨이에서 미국이 패배한다면, 태평양에서 일본이 빠르게 승리할 것이라고 우려했다. 그러나 잘못된 결정의 결과는 참사를 부를 수 있지만, 결정을 아예 내리지 않는 것의 결과는 재앙을 현실로 만드는 것이었다.

니미츠 제독은 정보를 다시 검토한 후 참모들과 지휘관들과 함께 회의했지만, 궁극적인 결정은 그의 몫이었다. 그는 며칠 동안 그 결정에 대해 괴로워했다. 만약 그가 잘못된 선택을 한다면 어떻게 될까? 수천명의 해군이 죽게 될 것이다. 전체 해군의 운명, 크게는 미국 전체의 운명이 이 결정에 달렸다. 전설에 따르면 니미츠 제독은 워싱턴 홀시 제독과의 대화 중에 자신의 불안을 고백했다고 한다. 미드웨이에 대한 결정의 무게가 그를 압도하고 있었다. 윌리엄 홀시 제독은 직설적인 화법으로 니미츠 제독의 신념을 상기시켰다.

"당신이 내게 한번 말했던 것 같은데, 지휘할 때는 지휘하라."

이 말은 니미츠 제독에게 필요했던 명쾌한 나팔 소리와도 같았다. 그는 지휘관이 어려운 결정을 내려야 한다는 것을 이해했다. 지휘관은 목적을 가지고 행동하고, 확신으로 앞에서 모두를 이끌어야 한다. 도전을 받아들이고 앞으로 다가올 힘겨운 시련에 대비해야 한다. 또 지휘관은 명확하게 명령해야 한다. 그리고 상황을 파악하고 부대를 이끌어야 한다.

두려움을 다스려라. 그리고 지휘하라.

1942년 6월 4일, 해군 항공부대는 함정 요크타운, 엔터프라이즈, 호넷에서 출격하여 미드웨이에서 일본 함대와 교전을 벌였다. 이틀 동안, 일본의 항공모함 네 척이 격침되었고, 미국은 엔터프라이즈를 잃었다. 하지만 역사는 미드웨이 전투가 전쟁에서 가장 결정적인 해전이었으며, 태평양 전선의 흐름을 바꾸었다는 사실을 보여주었다.

맥코이 대위가 미드웨이 해전 수업을 마치며 불을 켜고는 흰색 해군 정복을 입은 우리 후보생들을 보며 말했다.

"언젠가는 너희 중 일부가 운이 좋아서 함정이나 잠수함, 항공단을 지휘할 수도 있다. 그리고 그날이 오면, 그것이 너희 직업에서 가장 보람차고 동시에 가장 어려운 시기가 될 것이다."

그는 창문 밖을 쳐다보며 잠시 멈췄다.

"지휘관으로서 너희는 리더십을 발휘해야 한다. 그 일에 선택되었다면 조금 겸손해야 하지만, 너희가 훌륭하다는 사실을 받아들여야 한다. 그렇지 않으면 지휘관이 될 수 없을 것이다."

그는 미소를 지은 채 말을 이었다.

"혹시 누가 알아? 어쩌면 언젠가 너희 중 한 명이 전투에서 우리 위대한 장병들을 지휘하는 니미츠 제독처럼 대장이 될지도 모른다."

우리는 모두 웃었다. 여드름과 싸우고 있는 십 대이며, 대학의 첫 학기를 무사히 통과하기만을 바라는 시절에, 대장이라는 생각은 현실과 너무 멀리 떨어진 것이었다.

38년 후, 내가 4성 제독으로서 미국 통합특수작전사령부 사령관 직책을 부여받아 탬파의 사무실로 들어갔을 때 새로운 책상이 나를 기다리고 있었다. 오래된 책상이지만 아주 멀쩡해 보여 나는 약간 당혹스러웠다. 내가 책상에 대해서 묻자 나의 행정보좌관 다나 휴즈 상사가 미소를 지으며 말했다.

"사령관님, 저희는 이것이 사령관님께 아주 잘 맞을 것이라고 생각했습니다."

당황한 나는 다시 책상을 살펴보았다. 그것은 내가 처음에 생각했던 것보다 오래되었고, 깊은 나뭇결과 가죽 측면 패널이 있는 대형 책상이었다.

책상에 가까이 다가가자 책상 가장자리에 있는 작은 액자가 보였는

데, 그 사진 속 사람은 체스터 니미츠 제독이었다. 이것은 그의 책상이었다. 해군 기록보관소는 친절하게도 이것을 내가 통합특수작전사령부에서 사용하도록 빌려준 것이었다. 나는 리더의 어려운 무게를 감당하기 위해 더욱 겸손해졌다.

그 후 3년 동안, 나는 그 책상에 앉아 어려운 일이 있을 때마다 내가 어디에 있는지를 기억했다. 수백만 명에게 영향을 미치는 결정과 생명이 달렸던 일들, 니미츠 제독이 느꼈을 법한 실패와 승리의 감각을 기억했다. 그리고 결정을 내릴 때마다 망설임에 사로잡힐 때, 공포에 지배될 때, 행동을 멈추게 할 위험이 있을 때, 나는 니미츠 제독의 말을 다시금 되새긴다.

"지휘할 때는 지휘하라!"

그리고 그 말을 방향으로 삼아, 항상 나와 함께 근무하는 장병들에게 올바르게 행동하려고 노력했다.

대표, 제독, 장군, 의장, 책임자 등과 같은 리더가 되는 일은 어렵다. 리더로서 해야 할 일이 많아 어려움을 겪는 날에도 항상 지휘하는 것처럼 보여야 한다. 리더는 자신감이 있어야 하고 결단력이 있어야 한다. 미소를 짓고 항상 웃어야 한다. 직원들과 함께 참여하고 그들의 일에 감사해야 한다. 책임자로서의 모습을 보여야 하고, 직원들에게 당신이 리더로서 어떤 문제도 다룰 수 있다는 자신감 있는 모습을 보여야 한다. 리더로서 당신에게는 나쁜 날이 있을 수 없다. 어떤 상황이든 절대로 패배한 것처럼 보여서는 안 된다. 만약 당신이 우울해하거나 고개를 숙이고, 상관이나 직원들을 향해 투덜거리거나 불평하면, 당신은 그들의 존경을 잃게 되고, 절망의 태도가 들불처럼 번질 것이다.

리더가 되는 것은 엄청난 책임이 따른다. 조직의 운명이 당신의 어깨에 달렸다는 사실에 두려움을 느끼는 날들도 있다. 하지만 당신이 리더로 선택된 것은 그동안 자신을 증명했기 때문이다.

당신은 해당 업무를 잘 알고 있다는 것을 보여주었고, 압박감을 감당하고 결단력을 갖추었다는 것을 입증했다. 리더로서 필요한 모든 자질을 갖추었다. 심지어 위에서 언급한 것들이 모두 사실이 아니더라도, 지금 당신은 리더이기 때문에 지휘권을 가지고 있다. 그러니 배의 조타기를 잡고 지휘하라!

· Tipping point

1. 자신감을 가져라.
   당신은 재능과 경험이 있어서 이 일을 맡게 되었다. 직감을 믿어라.

2. 결단력을 가져라. 걱정을 너무 많이 하지 마라.
   신중하되 우유부단함으로 결정을 못 내려 일이 마비되지 않도록 해라.

3. 열정을 가져라.
   직원들에게 당신이 그들의 일에 관심이 있다는 것을 보여 줘라.

04

최고의
개구리 플로트를
만들어라

"진정한 겸손은 비열하고 굽신거리며 자기를 경멸하는 것이
아니라, 하나님이 우리를 보시는 것처럼 우리 자신에 대해
올바르게 평가하는 것이다."

_트라이언 에드워즈 _Tryon Edwards_ (미국 신학자)

다가오는 고무보트는 하얀 거품을 일으키며 푸른 물살을 가르면서 나를 향해 돌진하고 있었다. 나는 점점 다가오는 고무보트 위의 정장 입은 사내를 볼 수 있었는데, 그의 눈은 나와 보트 좌현에 있는 고무 고리를 잡은 대원 사이를 오가며 번뜩이고 있었다. 고무보트는 빠르게 움직였고, 고무 고리를 잡은 대원은 나를 붙잡기 위해 자세를 취했다.

나와 보트와의 거리는 현재 25m, 점점 가까워지고 있었다. 잠시 후 보트가 내게 거의 근접했다.

"발차기! 더 강하게 발차기!"

고무 고리를 잡은 대원이 말하는 것을 들을 수 있었다.

"발차기! 더 강하게!"

나는 오리발을 세게 차면서 혼잣말로 소리쳤다.

10m,

5m,

지금, 바로 지금!

고무보트 안에서 고무 고리를 잡은 대원이 나에게 접근하며 고리를 팽팽하게 잡고 있는 게 보였다. 나는 할 수 있는 한 힘껏 오리발을 차면서 팔을 고리 안으로 밀어 넣었고, 보트에서 나오는 추진력과 고무 고리를 잡은 대원의 세찬 힘이 나를 보트 안으로 잡아당겼다. 그 순간 나는 재빨리 고리에서 팔을 빼낸 뒤 보트 한쪽으로 구르며 올라탔다. 이어서 바로 뒤에 다른 개구리 용사들이 물에서 보트로 올라탔고, 몇 분 안에 모든 대원이 회수되어 소대 구성원 총원이 보트에 올라탔다. '이탈 및 회수 훈련', 이것은 진짜 개구리 용사가 되기 위한 훈련이었다. 우리의 개구리 용사 선배들이 타라와, 오키나와, 티니안 그리고 태평양의 수많은 섬에서 그랬던 것처럼 우리도 지금 그 훈련을 수행하고 있었다. 생각해 보면, 내가 이 일을 할 수 있다는 것이 믿기지 않는다.

훈련을 마친 후, 코로나도 해군 상륙전 기지의 부두에 도착해 우리는 장비를 내리기 시작했다.

"맥 소대장님! 맥 소대장님!"

부두에서 귀에 익은 목소리가 들려왔다. 통신실에서 근무하는 레리 존스 하사였다.

"무슨 일이야?"

"소대장님, 대대장님이 지금 바로 만나고 싶어 하십니다."

그는 약간 숨이 찬 채로 말했다.

"나를?"

"네, 소대장님!"

대대장이 내가 누군지 알고 있을 줄은 몰랐다. UDT-11의 근래 갓 전입을 온 신임 소위로서, 나는 많은 사람의 관심을 끌지 않으려고 노력했다. 가끔 대대장을 만나서 악수했고, 때때로 장교들이 소집되는 자리에서 그를 보았지만, 그가 나를 특별히 불러낼 이유는 없을 것 같았다. 하지만 한편으로는 다른 장교들과 고참 부사관들에게 좋은 인상을 심어줬다는 생각이 들었다. 나는 훈련을 진지하게 받았고, 열심히 일했으며, 체력 단련을 하며 늦게까지 부대에 남아있었다. 그리고 베트남전 참전 용사들의 이야기를 열심히 경청하고는 했다.

아마도 나는 무언가 특별한 일을 위해 부름을 받은 것일지도 몰랐다. 우리가 실제 작전을 계획하고 있다는 소문이 있었는데, 아마도 그일 때문일 것 같았다!

바로 발칸 지역의 테러리스트를 납치하는 임무일 수도 있고 혹은 블라디보스토크로 은밀하게 침투하거나, 북한 해변에 침투해 미사일 발사장을 무력화하는 임무가 될 수도 있다.

"좋아, 레리. 사무실로 돌아가서 군복을 갈아입을게."

"시간이 없습니다. 대대장님께서는 곧 단대장님을 찾아뵈야 해서, 지금 당장 소대장님과 얘기하길 원하신다고 하셨습니다."

"단대장님?"

단대장은 서부 해안의 모든 해군 특수전 부대와 해군 특수전 요원들을 지휘하는 사람이었다.

'매우 중요한 일인가 보군!'

우리는 재빠르게 트럭에 올라탔고, 해군 기지를 통과하여 1번 고속도로를 건너 UDT-11 구역으로 들어갔다. 나는 머리를 손으로 빗어 넘기고, 잠수복을 벗은 후 티셔츠를 짧은 카키색 수영복 반바지에 넣은 뒤 본부 건물로 들어갔다. 대대장의 집무실 앞에 있던 보좌관이 일어섰다.

"맥레이븐 소위님이 맞으십니까?"

"네, 맞습니다."

"잠시 기다려 주십시오. 대대장님께 오신 것을 보고드리겠습니다."

나는 갈색 소파에 앉아 벽에 걸린 사진들을 바라보았다.

제2차 세계대전 당시 개구리 용사들이 상륙 작전을 위해 해변을 정리하는 사진, 두꺼운 건식 잠수복을 입고 오리발을 든 전사들이 한국 해변의 바위를 오르는 사진, 잠수 마스크를 쓰고 오리발을 찬 대원들이 달에 처음으로 착륙하여 돌아온 아폴로 11호 우주선 요원들을 환영하는 사진, 그리고 메콩강 삼각주의 깊은 진흙 속으로 걸어가는 해군 특수작전 요원들, 가슴에 탄약을 매달고 있는 모습의 사진들이 있었다. 나는 사진들 속에 있는 엘리트 부대의 일원이었고, 이 사실이 너무 자랑스러웠다!

"맥 소위님, 대대장님 들어오라고 하십니다."

보좌관이 집무실에서 나와 말했다. 나는 머리를 한 번 더 빗고는 집무실로 들어갔다.

책상 뒤에는 UDT-11 대대장 빌 살리스베리 중령이 있었다. 그는 베트남전에 참전했던 해군 특수전 요원 중 한 명으로, 몇 주 전에 따뜻한 미소와 강한 악수로 나의 전입을 환영해 주었다. 함께 보낸 시간은 그리 많지 않았지만, 나는 대대장에게 좋은 감정을 느꼈다. 나는 주의를 기울이며 말했다.

"대대장님, 부르셨다고 하여 왔습니다."

초급 장교인 나의 열정이 과했는지 살리스베리 중령은 웃으며 말했다.

"편하게 있게, 맥레이븐."

"네, 대대장님!"

나는 편한 자세로 서서 대답했다.

"선임 참모가 당신이 일을 열심히 하고 있다고 말하더군."

"감사합니다, 대대장님."

"넌 선임 장교들과 부사관들 사이에 좋은 인상을 주고 있어."

나는 고개를 끄덕이며 자부심에 차올랐다.

"단대장님께서 오늘 일찍 내게 전화를 하셔서 최고의 소대장이 누구냐고 물어보셨다."

나는 더욱 자부심에 차올랐다.

"단대장님께서 네가 해야 할 일이 있다고 했어. 만약 그게 단대장님께 중요하다면, 그건 중요한 일이야."

"네, 대대장님!"

나는 더 우렁차게 말했다. 이게 바로 내가 네이비 실 훈련을 받은 이유이다. 이것은 분명히 중요한 임무일 것이다. 언젠가는 앞에 있는 사진 중 하나에 내 모습이 담길지도 모른다고 생각했다. 살리스베리 중령은 잠시 멈추었다가 말했다.

"매년 7월 4일 코로나도에서는 퍼레이드를 개최해. 우리는 오랫동안 참가하지 않았지."

나는 그 순간 혼란스러웠다.

'내가 잘못 들었나?'

"그래서 단대장님께서는 올해 우리가 대형 풍선으로 된 개구리 플로트를 만들어야 한다고 하셨고, 그 임무를 담당하라고 너를 지목했다."

그는 미소를 지었다.

"개구리 플로트 말씀입니까?"

"그래, 큰 초록색 개구리 프레디가 담배를 피우면서 다이너마이트를 들고 있는 거 있잖아. 코로나도 사람들은 그걸 무척 좋아할 거야!"

"네, 대대장님."

나는 아까보다는 훨씬 더 열정이 없는 목소리로 대답했다.

"그래, 물자 관리관과 상의해 봐. 플로트 건설에 필요한 모든 재료를 구해줄 거야. 그게 다야, 맥레이븐 소위. 고마워!"

살리스베리 중령이 업무를 위해 매일 오는 메시지들을 읽기 시작하자, 나는 천천히 돌아서서 사무실을 나왔다. 벽에 걸린 멋진 사진들을 지나칠 때, 어떻게 개구리 플로트가 내 목표를 달성할지 의구심이 들었다. 나는 좌절한 채로 옷을 갈아입고 일하러 돌아갔다. 의자에 앉아서 속으로 욕설을 중얼거리고 있을 때 뒤쪽 사물함에서 낮은 목소리가 들렸다.

"맥 소위님, 무슨 문제 있어요?"

뒤를 돌아보니 UDT-12의 허셜 데이비스 원사가 있었다. 데이비스 원사는 진정한 개구리 용사의 전형이었다. 키가 크고 날씬하며 햇볕에 그을린 피부에 붉은 얼굴, 강철 같은 회색 눈과 거대한 수염이 있었으며, 내가 알고 있는 사람 중 가장 많은 전투 경험을 가진 사람이었다.

"아, 별거 아닙니다."

"어허……."

그는 아버지 같은 톤으로 말하며 내 옆에 앉았다.

나는 고해성사를 하러 온 것처럼 순순히 고백했다.

"대대장님께서 부르셔서 가봤더니 개구리 플로트를 만들라고 지시하셨습니다. 7월 4일 퍼레이드를 위한 개구리 플로트 말입니다."

데이비스 원사가 끙하는 소리를 내며 말했다.

"제 생각에는 맥 소위님은 차라리 비행기에서 뛰어내리고, 잠수함에서 문을 잠그고, 세계를 구하는 임무를 수행하고 싶어 하는 것 같습니다."

"정확히 맞아요!"

나는 다시 한번 크게 얘기했다.

"하나 말씀드릴게요. 맥 소위님. 저는 이 네이비 실에서 거의 30년 동안 일하고 있습니다. 언젠가는 우리 모두 하고 싶지 않은 일을 해야 합니다. 하지만 그게 결정되면, 무엇이든 제대로 해야 합니다. 최고의 개구리 플로트를 만드십시오!"

'당신이 할 수 있는 최고의 개구리 플로트를 만들어라!'

그 이후 나는 수많은 개구리 플로트를 만들어 달라는 요청을 받았다. 즉 아무도 원하지 않는 사소한 일들을 해달라는 부탁을 받았다.

'내 계급에 어울리지 않는 일'이라고 여겨지는 수많은 일을 수행했다. 그리고 그때마다 나는 데이비스 원사의 말을 기억하고, 내가 할 수 있는 최선을 다하려고 노력했다. 나는 작은 일에도 자부심을 가져야 하고 그러면 사람들이 더 큰 일을 내게 맡기려 한다는 것을 알게 되었기 때문이다. 1978년 7월 4일, UDT 개구리 플로트는 그 부문에서 최고상을 수상했고, 나의 '첫 번째 임무' 사진은 그 후 수년 동안 UDT-11 구역에 자랑스럽게 걸려 있었다.

· Tipping point

1. 자신의 태도와 기대에 겸손해라.

2. 자신의 지위보다 낮아 보이는 일을 해달라는 요청을 받을 수 있음을 인정해라. 그리고 당신이 할 수 있는 한 최대한의 능력을 발휘하라.

3. 직원들의 능력을 측정하려면 직원들이 작은 일에도 의지를 갖고 성실하게 수행하는지 확인해 본다.

05

쉬운 날은
어제뿐이다

"무언가를 믿는 것만으로는 충분하지 않다.
당신은 장애물을 마주하고 극복할 수 있는
인내력이 필요하다."

_골다 메이어 _Golda Mabovitz_

종소리가 아스팔트로 된 그라인더를 가로질러 울렸다. 한 번, 두 번, 세 번 놋쇠로 된 종의 깊은 울림이 건물에서 튀어 올라 아침 체력 단련을 하는 네이비 실 훈련생들의 집단의식 속으로 퍼져나간다.

나는 할리데이 하사가 헬멧을 벗어 종의 밑부분에 놓는 것을 흘끗 바라보았다. 파란색 티셔츠에 카키색 수영복 바지를 입고 초록색 정글 부츠를 신은 네이비 실 교관이 알아들을 수 없는 말을 했다.

내가 들은 것은 할리데이 하사가 목청껏 "후야Hooya, 페이케티 교관님!"이라고 소리치는 것뿐이었다. 이어 페이케티 교관이 또 다른 지시를 했고, 할리데이 하사는 몸을 돌려 막사로 달려갔다. 그리고 우리는 두 번 다시 할리데이 하사를 볼 수 없었다. 세 번의 종소리와 함께 그는 막 네이비 실 훈련을 포기했다.

일주일 전에 우리는 지옥 주를 마쳤는데, 지옥 주는 틀림없이 어떠한 군사 훈련 중에서도 가장 힘든 일주일일 것이다.

지옥 주는 6일간 잠을 자지 않은 상태에서 교관들의 지속적인 괴롭힘을 견뎌야 했으며, 끊임없는 추위와 축축함이 우리를 비참하게 만들었다. 지옥 주를 통과한 우리처럼 할리데이 하사도 이 고난스러운 시련을 견뎌냈고 그 뒤에 황홀함을 느꼈다. 그리고 그는 네이비 실 훈련 역사상 대부분 훈련생들이 그 주에 탈락했다는 사실을 알고 있었다. 하지만 그는 이 지옥 주를 이겨냈으며, 마음속에는 나머지 훈련들이 훨씬 쉬울 것이라는 믿음이 생겼다. 그는 수료가 가까이 다가오는 것을 상상하며, 네이비 실 휘장을 가슴에 다는 자기 모습을 그릴 수 있었다. 또한 엘리트 전문가 팀에 합류하여 일생을 모험할 꿈을 꿨고, 승리의 맛을 느낄 수 있었다.

그가 황홀함에 빠져 자신의 미래 비전을 내게 털어놓았기 때문에 나는 이것을 잘 알고 있었다. 하지만 할리데이 하사는 교관의 체력 단련 단상 뒤에 걸려 있는 큰 나무판에 새겨진 말을 기억하지 못했다. 그 판에는 '쉬운 날은 어제뿐이다'라는 문구가 적혀 있었다. 그 문구는 네이비 실 89기 티셔츠 뒷면에 처음 쓰인 이후로 네이비 실의 신조가 되었다.

'쉬운 날은 어제뿐이다'

이 문구는 겉으로 보기에는 간단명료했지만, 그 의미는 훨씬 의미심장했으며, 모든 네이비 실 훈련생에게 이렇게 경고했다.

'만약 어려운 부분이 끝났다고 생각한다면, 그것은 오산이다. 내일

은 오늘만큼이나 혹은 그보다 더 어려울 것이다.'

하지만 이 문구는 훈련 외에도 큰 의미를 지니고 있었는데 내게 매일 최선을 다해야 한다는 것을 상기시켜 주었고, 어떤 날도 쉽지 않을 것이며, 리더로서 매일매일 온전히 헌신해야 한다는 것을 기억시켜 주었다.

1986년 의회는 국방부를 재편성한 '골드워터-니콜스' 법을 통과시켰는데, 이 법은 국방부의 조직을 재편하고 이에 따라 미국 통합특수작전사령부를 설립하는 넌-코헨 수정안이 뒤따랐다. 이 두 개의 의회 명령은 군대를 변화시켰고, 특히 특수작전에 큰 영향을 미쳤다. 통합 특수작전사령부 설립을 주도한 장교 중 한 명은 당시 해군 대령 얼브 찰스 르모인이었다. 르모인 대령은 베트남전 시대의 네이비 실로서 최상위 계급에 올라 의회를 통해 법안을 통과시키고 해군에서 시행하는 것을 도왔다. 르모인 대령은 네이비 실에서 엇갈린 평판을 받았는데, 그는 베트남전 시대의 네이비 실과는 다른 성향을 가지고 있었다. 그는 난폭하고 강경하게 말하는 대신 매우 적절하고 부드러운 말을 하며 조용히 결단했다.

통합특수작전사령부 설립 후, 르모인 대령은 해군 특수전사령부의 초대 사령관으로 진급했고, 제독으로 진급한 최초의 네이비 실이었다. 나는 그에게 가장 힘든 날들이 이미 지났다고 확신한다. 하지만 르모인 제독은 현실에 안주하는 대신 네이비 실과 특수전 전투 주정 부대를 완전히 재조직하고, 부대의 장기적인 성공을 수립하는 데 일조했다. 그것은 거대한 과제였고 네이비 실 조직의 내부와 외부로부터 끊임없는 비판을 받는 일이었다. 하지만 르모인 제독과 함께 보낸 시간 동안, 나는 그가 좌절하거나 낙담하는 모습을 본 적이 없었다. 그 어떤 도전이 그를 마주할지라도 그는 항상 지휘권을 잡았고, 자신에게 주목하는 눈이 많다는 것을 알면서도 어떤 상황이든 좋은 모습을 보여줄 책임이 있다고 믿었다.

2성 제독으로 승진한 후, 르모인 제독은 인후암을 앓았는데, 아마도 베트남전에서 고엽제에 노출된 결과로 생긴 것 같았다. 그러나 그는 은퇴하거나 네이비 실에 대한 지원을 철회하지 않고 더욱 힘을 내었다. 성대가 제거되고 전기 음성 보조기를 사용하게 된 후에도 공개 연설을 계속한 그는 최고로 오래 복무한 네이비 실로서 당시 황소개구리였고, 나는 그의 모든 연설이 디지털로 개조된 '콸콸' 목소리에 대한 유머러스한 한마디로 시작되는 것을 기억한다. 어느 날 그에게 암을 어떻게 이겨냈느냐고 물었을 때, 그는 미소를 지으며 전기 음성 보조기를 목에 대고 말했다.

"쉬운 날은……."

그는 그 문장을 끝까지 말할 필요가 없었다.

1997년, 안타깝게도 르모인 제독은 57세의 나이로 세상을 떠났다. 그의 우아함, 겸손함, 유머, 용기가 오늘날의 네이비 실과 특수전 전투 주정 부대, 그리고 나와 같은 장교들에게 얼마나 강한 영향력을 미쳤는지 그는 모를 것이다.

몇 년 후인 2002년, 내가 부시 정권의 백악관에서 근무하던 시절 동부 해안 네이비 실 지휘관이 나를 회의에 초청했다. 네이비 실의 전형적인 회의 특징처럼 우리는 매일 아침 하루 한 시간의 근력 운동과 장거리 구보를 했다. 나는 2001년 강하 훈련 중 심각한 부상을 당한 후, 몸이 아직 완전히 회복되지 않았고, 어떠한 육체적인 훈련도 하지 않는 것이 좋았다.

그러나 르모인 제독을 생각하니 그라면 이런 약간의 불편함 때문에 포기하지 않았을 것을 알기에, 나는 힘을 내어 아침 체력 단련에 참여했다. 체력 단련은 팔굽혀펴기, 윗몸일으키기, 전신운동 8개 동작, 발차기 훈련 등을 연속으로 실시하는 근력 운동으로 시작했다. 나는 이 운동들을 제대로 따라가기도 힘들었지만 최선을 다하려고 노력했다. 근력 운동을 마치자마자 우리는 18km를 뛰었는데 모든 대원은 매우 빠른 속도로 출발했고, 나는 처음 100m까지는 따라갈 수 있었지만, 그 후로는 뒤처지기 시작했다.

코스는 주립공원의 3km 구간을 5바퀴 돌아야 하는 것이었는데, 시간이 흐르자 나는 턱없이 뒤처지며 힘들게 달렸다. 강하 훈련 중에 발생한 나의 낙하산 사고에 대해 알고 있던 젊은 대위가 나를 한 바퀴 추월하다가 멈추고 내게 어리둥절한 눈길을 보냈다.

"대령님, 여기서 뭐 하시는 겁니까?"

그가 물었다.

"무슨 말이지?"

내가 묻자, 그는 고개를 저으며 말했다.

"대령님, 왜 여기까지 나오셨습니까? 대령님께서는 더 이상 증명하지 않으셔도 됩니다."

내가 대답하기도 전에 그는 멀리 달아났다. 그 당시 네이비 실 대령이었던 나는 이미 네이비 실 장교로서 경력에서 중요한 직책을 이미 거쳤기 때문에 이 젊은 대위는 내가 더는 증명할 필요가 없다고 생각한 것이다. 하지만 내가 그에게 말하고 싶었던 것은, 내가 목청껏 외치고 싶었던 것은, 그의 생각이 얼마나 잘못되었는지였다. 당신이 더는 증명할 것이 있다고 믿지 않는 날, 최선을 다해야 하는 것을 믿지 않는 날, 특별한 대우를 받을 자격이 있다고 생각하는 날, 어려운 날들이 모두 끝났다고 생각하는 날, 그 순간부터는 당신은 더 이상 적합한 리더가 아니다.

리더십은 에너지가 필요하다. 체력이 필요하다. 회복력이 필요하다.

당신이 가진 모든 것과 그 이상이 필요하다. 당신을 위해 일하는 사람들은 당신의 에너지를 빨아들일 것이다. 만약 당신이 오늘의 도전에 대처할 준비가 되지 않은 것처럼 보인다면, 그들은 곧 이를 알아차린다. 당신이 어제보다 피곤해 보인다면, 그들은 그것을 느낀다. 만약 당신이 최선을 다할 준비가 되지 않았다면, 그들은 그것을 눈치챌 것이다.

그리고 이것은 전투 중인 리더에게만 적용되는 것이 아니다. 어려운 과제를 맡고, 사람들에게 영감을 주고, 동기를 부여하며 관리할 것을 요구하는 모든 훌륭한 리더에게 적용되는 원칙이다. 하지만 이런 것들로 인해 당신이 매일 힘들어야 한다는 뜻은 아니다. 훌륭한 리더가 된다는 것은 당신이 초인적인 힘을 가져야 한다는 뜻이 아니다. 그저 매일 노력이 필요하다는 것이다. 그리고 어떤 날은 그렇게 하지 못할 수도 있지만 괜찮다. 그것은 정상적인 일이다. 하지만 그럴 때는 다음 날이나 그다음 날에 다시 힘을 내야 한다.

당신이 리더로서 실패하는 유일한 순간은 오늘이 어제보다 쉬울 거라고 생각하는 바로 그 순간이다.

· Tipping point

1. 매일매일 긍정적인 에너지와 열정을 가져야 한다.

2. 열심히 일하는 것 외에는 그 어떤 것도 당신에게 자연스럽게 주어지는 것은 없다. 대다수 사원은 열심히 일하고 그에 비해 적은 보수를 받고 있다.

3. 하루하루가 조직의 성공에 영향을 미친다는 마음가짐으로 임해야 한다.

06

총성이 울리는 곳으로
달려가라

"이 나라의 대기업들은 보통 사람들에 의해 설립되지 않았다.
그 기업들은 비범한 지성, 야망 그리고 공격성을 지닌
사람들에 의해 설립되었다."

_ 다니엘 패트릭 모이니한 *Daniel Patrick Moynihan*

샹젤리제 가로수길의 나뭇잎이 점점 노랗게 변하고 있는 가을의 파리는 아름답다. 공기는 시원하며 향기로운 진한 커피와 따뜻한 프렌치 페이스트리의 향기가 공중으로 퍼져간다. 밤에는 에펠탑이 빛나고 젊은이들과 노인들은 그 아래에서 따뜻하게 어깨를 기대며 모여 있다. 아프가니스탄에서 파리를 생각할 때는 파리에는 어떤 마법이 있는 것 같았다.

지난 몇 달 동안 나는 파리에 대한 꿈을 꾸었는데, 아프가니스탄의 임무에서 벗어나 파리에 잠시 갔다가 돌아올 수 있을 정도로만 휴가를 받을 예정이었다. 나의 아내 조지안과 딸 켈리는 파리에서 나와 만나기로 예정되어 있었고, 6개월 만에 그들을 보는 것이어서 가슴이 미어졌다.

그런 생각에 빠져 있을 때 누군가가 내 사무실 문을 두드리는 소리
가 들렸다.

"들어오세요."

나는 합판으로 만든 작은 방 너머로 소리쳤다. 작은 문이 열리고 야
간 전투 작전을 담당하는 대령이 들어왔다.

"사령관님, 민간인 사상 사고가 발생했는데, 상황이 좋지 않습니다."

"의자를 가져와서 앉아라."

나는 말했다. 대령은 지도와 항공 사진을 꺼내서 작은 탁자에 펼쳐
놓았고, 몇 분 동안 민간인 사상자로 이어진 목표물에 대한 작전 개요
를 설명했다. 그가 맞았다. 아주 안 좋은 일이 발생했다. 민간인 손실은
항상 중대한 문제이며, 무고한 사람들이 교전 중에 다치거나 탈레반이
나 알카에다로 오인되어 피해를 본다.

누군가는 그것이 전쟁의 본질이라고 말할 수도 있지만, 그래도 그것
은 절대 쉽지 않은 문제이다. 그들은 실제로 피해를 본 당사자들이다.
그 어떤 것도 그들의 고통을 완전히 덜어주지는 못한다.

"사령관님, 장군님께도 보고가 들어갔고 장군님께서는 기분이 좋지
않으십니다. 장군님의 참모들에게는 사령관님께서 내일부터 휴가 예
정이라고 알렸는데, 장군님께서는 사령관님이 휴가를 가시기 전에 이
야기하고 싶다고 말씀하셨습니다."

"알겠다. 통화 연결 준비해. 내가 조금 후에 합동지휘통제소로 갈 테
니까."

대령이 떠난 후 나는 무엇을 해야 할지 잘 알고 있었다. 먼저 전화기를 들어 군부대의 통신 요원을 통해, 미국 노스캐롤라이나주의 포트 브래그에 있는 우리 집으로 전화를 걸었다. 전화가 울린 즉시, 아내 조지안이 전화를 받았고 내가 말하기도 전에 그녀는 말했다.

"아무 일 없는 거예요? 우리는 파리에서 당신을 만나길 기대하고 있어요."

나는 잠시 말을 멈췄다. 그녀는 내가 말하기도 전에 이미 상황을 알고 있었던 것 같았다.

"당신은 파리에 오지 않을 거예요, 그렇죠?"

나는 깊게 숨을 들이마시고 상황을 설명했다. 그때 나는 그냥 휴가를 보내러 떠날 수 없는 상황이었다. 조직의 평판이 위험에 처해 있을 때, 나보다 위에 있는 사람들과 부하들이 나의 리더십을 기대하고, 위기에 대응하기 위해 나의 존재가 필요한 때 내가 파리로 날아가는 일은 없다. 나는 그것을 알고 있었고, 35년의 결혼 생활 끝에 그녀도 알고 있었다. 우리는 이미 이런 상황을 겪었던 적이 있었고, 이것은 나의 군 경력 동안 여러 차례 깨달은 교훈이었다. 어려운 상황이 닥치면, 리더는 공격적이어야 한다. 문제가 발생한 곳으로 이동하고, 위기를 똑바로 바라보고 문제에 대처해야 한다.

1863년 7월 초의 온도는 숨 막힐 듯이 더웠다. 메인주 제20연대 병사들은 게티즈버그라는 펜실베이니아주의 작은 도시까지 며칠 동안의 행군으로 인해 지칠 대로 지친 상태였다. 정보에 따르면 로버트 리 장군은 그의 군대를 버지니아에서 포토맥강을 가로질러 펜실베이니아로 이동시켜 수도인 워싱턴 D.C.에서 북부 군을 차단하려는 계획이었다.

북부 군의 소규모 파견단은 게티즈버그 서쪽의 중요한 지형인 맥퍼슨 능선에 있었다. 남부 군의 선발대가 도착했을 때 이미 북부 군이 진지를 지키고 있다는 사실에 놀랐다. 다음 이틀 동안 조지 미드 장군이 지휘하는 북부 군과 로버트 리 장군이 지휘하는 남부 군은 게티즈버그 주변에 위치를 강화했는데, 북부 군은 지대가 높은 공동묘지의 능선을 따라 배치했다.

묘지의 능선은 북쪽의 컬프 언덕을 시작으로 남쪽으로는 작고 둥근 꼭대기를 향해 뻗어 있었는데, 이 작고 둥근 꼭대기 지역은 북부 군의 좌측 측면으로 가장 취약한 곳이었다. 만약 남부 군이 이곳을 점령한다면, 그들은 북부 군의 전선을 휩쓸고 조지 미드 장군의 군대를 물리칠 수 있었을 것이다.

1863년 7월 2일 전투가 시작되었고, 묘지 능선에서 진선을 돌파하려는 남부 군의 몇 번의 시도는 격퇴되었다. 어느 한 시점에서 약해지고 있는 북부 군의 위치를 보강하기 위해 존 게리 장군은 그의 병력 상당 부분을 작고 둥근 꼭대기에서 멀리 떨어진 곳으로 옮기면서 좌측면을 심각하게 노출시켰다. 조지 미드 장군은 이 실수를 발견한 순간, 즉시 제1사단의 한 개 여단을 보내 꺾이고 있는 방어를 지탱하기로 했다.

하지만 로버트 리 장군도 기회를 보았고, 북부 군 여단이 능선에 완전히 배치되기 전에 공격을 지시했다.

작고 둥근 꼭대기를 지키고 있는 군인들은 2총기병대, 미시간 제16연대, 뉴욕 제44연대 및 펜실베이니아 제83연대의 병력이었고, 좌측 측면 끝에는 메인주 제20연대 조슈아 체임벌린 대령과 386명의 보병이 있었다.

체임벌린 대령은 전형적인 군인은 아니었다. 그는 전쟁 직전에 보든 대학에서 현대언어학 교수였으며, 매우 세련되고 교양 있게 행동하고 대부분 앉아서 생활하는 일상이 익숙한 사람이었다. 군사 역사를 공부하던 그는 전쟁이 발발하자 자원했다.

전투가 격렬해지고, 남부 군이 메인주 제20연대를 격파할 준비가 된 것처럼 보일 때, 체임벌린 대령은 더 높은 언덕 위에서 자신의 소총을 움켜쥐고 전선으로 전진했다. 이전의 포탄으로 부상을 당한 체임벌린 대령은 절뚝거리며 자신의 병사들에게 다가가 연대 깃발과 일렬로 서서 "총검 사용! 우측으로 전진!"이라고 외쳤다. 메인주 제20연대의 병사들은 총검을 달고 언덕을 내려가며 다가오는 북부 군을 향해 돌격했다. 메인주 제20연대가 보여준 용맹함은 무척 강력해서 남부 군을 후퇴하게 만들었고, 작고 둥근 꼭대기와 북부 군의 좌측 측면을 구할 수 있었다. 역사는 그날의 체임벌린 대령의 리더십과 메인주 제20연대 병사들의 용기가 게티즈버그에서 북부 군을 구했음을 기록했다. 만약 게티즈버그에서 조지 미드 장군이 패배했다면, 남부 군이 남북 전쟁에서 승리할 가능성이 매우 컸다.

체임벌린 대령이 총성이 울리는 곳으로 달려가지 않았다면, 오늘날 세상은 얼마나 다른 모습이었을지 한번 상상해 보라.

안타깝지만, 모든 리더가 문제를 해결하기 위해 신속하게 움직이고 책임감 있게 해결책을 수립하는 것은 아니다. 2010년 4월, 멕시코만에서 석유 굴착 장치인 딥워터 호라이즌이 폭발하여 11명이 사망하고, 미국 산업 역사상 가장 큰 석유 유출 사고 중 하나가 발생했을 때 해당 회사인 브리티시 페트롤리엄의 반응은 매우 느렸다. 이 회사의 대표는 처음에 사고가 발생했을 때 미국 걸프 해안으로 이동하는 대신 런던에 머물렀다. 더 나쁜 점은, 이 사고가 수십억 달러의 피해를 입히고 수백만 명의 삶을 혼란에 빠뜨렸음에도, 대표는 책임을 인정하고 문제에 정면으로 맞서는 대신 "아주 큰 바다에 비해 유출이 작다"라고 주장하며 사고의 규모를 과소평가했다. 그리고 이것이 계속해서 사회에서 화젯거리가 되며 그의 삶에 악영향을 미치기 시작하자 화를 냈고, 기자에게 "제 삶을 되찾고 싶습니다"라고 말했다. 말할 필요도 없이, 폭발로 인해 엉망이 된 다른 모든 삶에 비추어 볼 때 그의 대응은 무책임했고, 그는 곧 대표 자리에서 물러났다.

왜 사람들은 문제에 직면하는 것을 꺼리는 것일까?

만약 문제에 직면해야 한다면, 아마도 당신이 문제에 관여한 부분이 있었다는 것을 의미하기 때문이다. 훌륭한 리더는 조직이 어려움을 겪을 수 있음을 예측해야 한다. 그래서 당신이 리더로 고용된 것이다. 리더는 도전을 받아들여야 한다. 각 문제에 힘차게 대처하고 때로는 당신만이 가장 골치 아픈 제도적인 위기를 해결할 수 있다는 사실을 이해해라. 절대 소극적이지 마라. 어려운 문제에 대해 물러서지 마라.

나의 상관은 아프가니스탄에서 민간인 피해에 대해 심각하게 받아들였고, 그런 사고는 발생해서는 안 되었다. 다행히도 그는 훌륭한 군인이었고, 전투의 어려움을 이해했다. 그 이후 현지 시민들과 아프간 동료들의 신뢰를 되찾기까지 오랜 시간이 걸렸다.

무엇보다 첫 번째 단계는 이 비극에 대한 책임을 받아들이고 적극적으로 문제를 해결하는 것이었다. 총성이 나는 곳으로 달려가는 것은 위험하지만, 문제를 피하는 것은 오히려 상황을 더 악화시킬 뿐이다. 때로는 그저 총검을 장착하고 돌파구로 돌진해야 할 때도 있다.

· **Tipping point**

1. 적극적으로 행동해라. 문제가 발생하면 어떻게든 조치를 취해라. 그것이 리더에게 기대하는 역할이다.

2. 문제의 본질을 가장 잘 평가하고 지침과 해결책을 제공할 수 있는 장소로 이동해라.

3. 모든 단계에서 당신의 의도를 전달해라.

07

스스로 그리고
자발적으로

"주도성은 말하지 않아도 옳은 일을 하는 것이다."

_ 빅토르 위고 *Victor-Marie Hugo*

205고지는 육군의 전설이 탄생할 것 같은 장소는 아니었다.

1950년 9월 15일, 맥아더 장군이 인천에 상륙한 후, 미군은 북위 38도선을 훨씬 넘어 중국과의 국경선에 있는 압록강까지 북한군을 격파하기 시작했다. 미국의 성공과 북한의 붕괴로 일부 전문가들은 전쟁이 곧 끝날 것이라고 믿었다. 25보병사단이 북쪽의 구룡강을 향해 전투를 강행하자 승리가 임박한 듯했다. 그러나 맥아더 장군과 미군은 중국의 개입으로 모든 것이 뒤집히자 매우 놀란다.

1950년 11월 25일, 소수의 레인저 부대는 강 바로 남쪽의 중요한 지형을 점령하도록 지시받았다. 그 당시 레인저는 알지 못했지만, 중국 제39군은 언덕을 방어하기 위해 대규모 병력을 집결시켰다. 랄프 퍼켓 Ralph Puckett 중위가 이끄는 레인저 부대는 205고지를 향해 열린 들판을 가로질러 가기 시작했다. 하지만 레인저가 언덕을 향해 기동하자 중국 군은 박격포, 기관총 등을 발사하기 시작했다. 그의 부하들이 완전히 노출된 상태에서, 랄프 퍼켓 중위는 날아오는 박격포를 억제하기 위해 미국 포병의 도움을 요청했지만, 중국 기관총 사수들은 은폐되어 있어 찾기가 어려웠다. 레인저가 반격하기 위해서는 중국 포병들의 위치를 정확히 찾아내야 했다.

전진하는 레인저의 대형에서 맨 앞쪽에 있었던 랄프 퍼켓 중위는 자신이 할 수 있는 일이 단 한 가지라는 것을 잘 알고 있었다. 그는 자신의 목숨을 내놓고 구덩이에서 일어나 노출되기 쉬운 공간으로 달려나갔고, 중국 기관총 사수들이 달리는 랄프 퍼켓 중위를 향해 사격을 시작하자 레인저들은 그들의 위치를 발견하고 교전을 벌이기 시작했다. 랄프 퍼켓 중위는 숨을 돌린 후 다시 구덩이로 돌아와서 다시 한번 본인의 위치를 노출시켰고, 매번 본인이 위치를 노출할 때마다 레인저 부대원들은 적 기관총 사수들을 제거할 수 있었다. 그 결과 레인저는 적 기관총 사수들을 모두 제압하고 205고지를 점령했으며, 다음 이틀 동안 랄프 퍼켓 중위의 지휘하에 중국군의 연이은 공격을 물리쳤다. 이 전투로 10명의 부대원이 목숨을 잃었고, 랄프 퍼켓 중위를 포함한 31명이 부상을 당했다.

랄프 퍼켓 중위는 205고지를 점령하기까지의 행동으로 최고 훈장인 '명예훈장'을 받았고, 그는 이후 베트남전에 참전하여 국가에서 두 번째로 높은 영예인 십자 훈장과 두 개의 은성 훈장을 받았다.

이후 사람들이 앞으로 나아가는 랄프 퍼켓 중위의 용감한 행동을 떠올릴 때마다 그의 부대원 중 한 명은 이렇게 말했다.

"그건 해야만 했고, 누군가가 그 일을 해야 했습니다!"

레인저 부대에는 'Sua Sponte'라는 라틴어 슬로건이 있는데, 이는 '스스로 그리고 자발적으로'라는 뜻이다. 다시 말해서 명령을 받지 않아도 해야 할 일을 하는 것을 의미한다. 군인들은 오로지 명령에만 따라야 한다고 잘못된 믿음을 가질 때도 종종 있지만, 미국 군대의 강점은, 위대한 리더들은 말려도 옳은 일을 하는 데 있다. 그들은 자기 부하들을 보호하기 위해 옳은 일을 하며, 자기 소속 부대의 명예를 지키기 위해 옳은 일을 하고, 자국에 영광을 가져오기 위해 옳은 일을 한다. 명령을 받았든 받지 않았든 필요한 일을 해야 한다. 이러한 적극성은 위대한 리더와 보통의 리더를 구분 짓는 점이다. 누구도 랄프 퍼켓 중위에게 미친 듯이 본인의 위치를 노출시키며 달려들라고 명령하지 않았지만, 누군가는 그것을 해야 했다.

나는 이러한 리더들의 적극성을 이라크와 아프가니스탄 전쟁 동안 여러 차례 보았다. 육군, 해군, 공군, 해병대 전투의 특성상 장군과 제독들은 초급 장교들과 부사관들이 어려운 결정을 내리는 것을 허용해야 했다. 모든 전술 작전을 통제할 충분한 고위급 장교들이 없었기 때문에 책임을 위임해야 했다. 올바른 일을 위해 모든 계급을 신뢰해야 했다. 리더가 중요한 결정을 부하들에게 위임하는 것은 부대와 리더의 평판에 불가피하게 영향을 미치기 때문에 항상 어려운 일이다. 그러나 부하들이 자신의 판단에 따라 행동할 수 있는 문화를 조성하지 않는다면, 그들은 앞으로 나아가려는 어떠한 움직임도, 추진력도 없는 상태에 빠질 것이다. 지도력은 항상 지휘 사슬의 꼭대기에 있는 사람에 의해 정의되는 것은 아니며, 당신이 늘 리더로서 지휘할 필요는 없다.

하와이 호놀룰루에서의 보통 날씨였다. 맑은 하늘과 따뜻한 열대 바람이 야자수를 부드럽게 스쳤고 포드섬의 물은 장엄한 파란색이었다.

1998년, 나는 미국 해군 대령이자 해군 특수전 그룹1의 단대장으로서 나의 친한 동료인 모키 마틴 소령을 기리고 건물을 헌정하기 위해 하와이로 왔다. 모키 소령은 하와이에서 태어나 자랐으며, 해군 특수전 요원으로서 놀라운 경력을 쌓았다. 베트남전 참전 용사로서 모키는 진정한 전사였다. 그는 수많은 훈장을 받았고, 모든 무기에 숙련되어 있었으며 스카이다이버, 스쿠버다이버이자 뛰어난 운동선수였다. 그러나 불행하게도 1983년에 자전거 사고로 인해 흉부 아래가 마비되었고, 그는 지난 15년을 휠체어에서 보냈다.

행사가 열린 큰 장소는 빨간색, 흰색, 파란색 깃발로 장식되었고 성조기와 하와이주 깃발이 단상 뒤에 배치되었으며, 200명 이상의 방문객과 네이비 실이 참석했다. 단상 앞에는 의자들이 줄지어 있었고, 네이비 실과 함정 요원들이 빽빽한 대형을 이루고 있었다. 평소의 행사처럼 식이 끝날 무렵, 내가 단상에서 연설을 마치고 내려가자 모키가 휠체어에 앉아 연설을 하기 위해 미리 놓인 마이크에 가까이 갔다.

그러나 모키가 말을 시작하자 주최 측이 마이크 위치를 제대로 잡지 못했다는 것을 알 수 있었다. 심지어 앞줄에 앉은 사람들도 모키의 말이 잘 들리지 않았다. 나는 의자에서 일어나 다른 고위 인사들을 가로질러 걸어가 어색한 분위기에서 마이크의 위치를 바꿔야 한다는 것을 깨달았다. 모키는 이제 막 사람들에게 감사의 말을 전하기 시작했지만, 만약 내가 빨리 행동하지 않는다면 청중들은 영감을 주는 그의 이야기를 놓칠 것이다. 내가 막 의자에서 일어나려 할 때, 흰 정복을 입은 젊은 네이비 실 대원이 대열에서 벗어나 200여 명의 참석자들을 지나 단상으로 향했다. 그는 단상에 도착한 후 차렷 자세를 취하며 모키 소령에게 경례하였고, 마이크를 조정한 후 다시 경례한 뒤 대열로 복귀했다. 이 젊은 대원의 발 빠른 조치 덕분에 우리는 모키 소령의 연설을 하나도 놓치지 않았다.

행사가 끝난 후, 나는 그 젊은 대원에게 가서 신속한 조치에 대해 감사를 표했다. 그러자 그는 내게 이렇게 대답했다.

"단대장님, 뭔가 조치가 취해져야 했고, 아무도 움직이지 않았습니다. 그래서 저는 그 일이 제게 달려 있다고 생각했습니다."

그것은 내가 들은 진정한 리더십에 대한 최고의 대답이었을지도 모른다.

'다른 사람들은 아무것도 하지 않았으니 이 일은 나에게 달렸다.'

그것이 바로 'Sua Sponte'의 본질이었다. 진정한 리더십은 위기 상황이 있어야만 책임자가 되는 것이 아니다. 적들이 총을 겨누는 가운데서 들판을 뛰어가는 랄프 퍼켓 중위가 되지 않아도 된다. 가끔은 다른 사람들이 아무것도 하지 않을 때 올바른 일을 하는 것도 진정한 리더십이다. 당신이 자발적으로 행동할 때, 그것은 조직의 분위기를 결정한다. 이러한 자세는 다른 사람들에게 회사에서 당신이 적극적인 태도로 임한다는 것을 보여줄 수 있고, 기회가 온다면 보상을 받을 수도 있다. 또한, 이는 직원들에게 권한을 부여하고, 그들에게 주인의식을 심어 준다. 직원들은 실수를 저지르며, 그 실수는 일에 크고 작은 영향을 미칠 것이다. 하지만 행동으로 발생한 실수가 아무것도 행동하지 않는 실수보다 훨씬 낫다는 것을 장담한다.

· Tipping point

1. 문제를 해결해야 하는 상황에서 직급에 관계 없이 주도적으로 행동할 수 있는 행동 문화를 육성해라.

2. 주도적인 태도는 때로는 과열과 실수를 야기할 수 있다는 사실을 받아들여라. 그러나 이런 열정은 아무것도 하지 않는 것보다 낫다.

3. 결과가 기대했던 것과는 다르더라도 스스로 문제를 해결하려고 노력하는 사람들을 칭찬해라.

08

대담한 자가
승리한다

"소심한 쪽보다는 대담한 쪽에서 잘못하는 것이 낫다."

_ 엘빈 토플러 _Alvin Toffler_

시계를 보자 헬기 이륙까지 30분 남았다. 책상 위에 있는 주황색 에너지 음료의 마지막 한 모금을 마시고 일어나서 나는 전술작전지휘소로 들어갔다. 전술작전지휘소는 창문이 없는 작은 방으로, 야간 임무에 대한 정보가 담긴 큰 패널 디스플레이로 가득 차 있었다. 20명의 대원들은 책상에 앉아 컴퓨터 화면을 응시하며 마지막 순간의 지시를 조율하고 있었다. 방 안은 활기찬 활동으로 붐볐지만, 소음은 거의 없었고 심지어 누구도 내가 지휘소에 들어왔다는 것을 알아차리지 못했다.

　나는 그 점이 좋았다. 그들은 집중해야만 했다. 오늘 밤에 그들 생애의 가장 큰 임무가 시작될 것이다. 만약 실패하면 우리는 평생 그 책임을 지고 살아야 한다. 하지만 성공하면 그것은 자랑스러운 우리의 유산이 될 것이다. 우리는 반드시 성공해야 했다.

"좋습니다. 크리스 원사, 가야 할 시간입니다."

내가 말했다. 우리 사령부 주임원사이자 가장 선임 부사관인 크리스 원사는 정보분석요원의 어깨에 기대어 있었다. 그는 정보분석요원에게 고개를 끄덕이고 미소를 지으며, 등을 토닥인 뒤 문 앞에서 나와 만났다.

"저 친구들 정말 훌륭합니다."

크리스 원사가 말했다.

"그래야지요. 많은 것이 그들에게 달려 있으니까……."

크리스 원사와 나는 답답한 콘크리트 건물 밖으로 걸어 나와 밤공기 속으로 들어갔다. 어둠 속의 아프가니스탄은 독특한 냄새가 났는데 산에서 불어오는 바람이 계곡으로 흘러들어오면서 상쾌하고 깨끗한 냄새가 났다. 그런데도 인간의 삶에는 우리의 감각을 활기차게 하는 연기와 땀, 먼지와 목재의 냄새가 자연의 순수함을 꿰뚫고 감각을 빚어낸다.

우리 기지는 잘랄라바드의 생명들로 둘러싸여 있었는데 수천 명의 아프가니스탄 사람들이 인근에서 생활하며, 음식을 요리하고 가축을 기르며 가족을 돌보았다. 그들에게 2011년 5월 1일은 단지 평범한 하루였을 뿐이었다. 그러나 '넵튠 스피어 작전 Operation Neptune Spear'을 수행하는 우리에게는 오사마 빈 라덴 Osama bin Laden을 반드시 잡아야 하는 밤이었다.

시계를 다시 확인했다. 헬기 이륙까지 20분 남았다.

크리스 원사와 나는 전술작전지휘소에서 나와 콘크리트 보도로 이어지는 마당을 건너 헬기에 탑승 전에 마지막 장비 점검을 하는 네이비 실 대원들이 모인 장소로 갔다. 불이 밝게 타오르고 근처의 블루투스 스피커에서 음악이 흘러나왔다. 내가 다가가자 네이비 실 원사는 대원들에게 음악을 끄고 모두 모이라고 외쳤다. 공기에 긴장감은 없었다. 그저 진지한 임무 수행을 준비하는 진지한 대원들뿐이었다. 임무의 결과와는 상관없이, 승리이건 실패이건 이번 작전이 그들을 영원히 정의할 것이란 것을 알고 있었다.

네이비 실 대원들은 조용히 나를 쳐다보고 있었다. 나는 크리스 원사에게 몇 마디 하라고 손짓을 했다. 크리스 원사는 18세 때부터 전투 경험을 쌓아왔기 때문에 헬기 탑승을 준비하는 대원들의 마음가짐을 나보다 더 잘 알고 있었다. 대원들은 모두 크리스 원사의 경력을 알고 있었는데, 그는 유명한 블랙 호크 다운 Black Hawk Down 사건이 발생한 모가디슈 전투에 참가했고, 콜롬비아에서 파블로 에스코바르 Pablo Emilio Escobar Gaviria를 추적했으며, 보스니아에서 전쟁범죄자들을 잡았고, 지난 10년간 그는 이라크에서 델타포스와 함께 싸웠다. 그는 네이비 실 대원들의 존경을 받았고, 대원들은 그의 이야기에 집중했다.

5월이라 할지라도 잘랄라바드의 날씨는 추웠기에 불을 지폈고, 크리스 원사는 불을 지핀 곳에 발을 올려놓았다. 그는 자기 주변에 모인

24명의 대원들을 둘러보며 잠시 말을 멈춘 뒤에 생각을 가다듬기라도 하듯 땅을 내려다보았다.

"여러분, 영국 동료들이 하는 말이 있습니다. '대담한 자가 승리한다' 오늘 밤 여러분은 대담할 것이고, 저는 여러분이 승리할 것을 알고 있습니다."

'대담한 자가 승리한다'

이 세 단어는 특수전 요원들의 정신을 무장시키고, 평범한 리더와 위대한 리더를 구분 짓는다.

1942년, 젊은 영국 장교 데이비드 스털링 David Stirling은 소수의 코만도 요원들이 북아프리카에 있는 에르빈 롬멜 장군의 기갑부대를 효과적으로 습격할 수 있다고 그의 상관들을 설득했다. 스털링은 그들의 진짜 임무를 숨기기 위해 코만도를 '공수특전단 SAS, Special Air Service'이라고 불렀다. 스털링은 육상 침투와 공중 침투 작전을 여러 차례 실패한 뒤, 기관총을 장착한 18대의 지프를 모아서, 독일의 연료 저장고와 비행장을 공격했다.

1942년 내내 스털링은 독일군 후방에서 나타나 '히트 앤 런 Hit and run 작전'을 주도했고, 롬멜 장군은 스털링을 '유령 소령'이라고 불렀다. 독일군 후방으로 은밀하게 침투하여 발각되지 않고 빠져나오는 그의 능력 때문이었다.

스털링은 결국 포로가 되었다가 탈출하고 다시 포로가 되었지만, 공수특전단은 북아프리카에서 전설적인 지위를 얻게 되었다. 스털링은 공수특전단을 위한 구호를 만들라고 요청받았을 때, 라틴어 구절 '대담한 자가 승리한다'를 선택했다.

빈 라덴 제거 작전 시행 하루 전날, 버락 오바마 대통령은 우리를 격려하기 위해 아프가니스탄 바그람 본부로 전화를 걸어왔다. 나는 대통령이 받는 엄청난 압박감을 이해했기 때문에 그의 전화에 더 감사함을 느꼈다.

지난 7개월간 중앙정보국은 파키스탄 아보타바드의 건물 안에서 돌아다니는 키가 큰 인물이 빈 라덴인지를 확인하기 위해 노력해 왔다. 그러나 우리가 가진 모든 자원으로도 그가 911테러의 주동자인 오사마 빈 라덴인지 확인할 방법은 없었다. 이는 미국 대통령이 불충분한 정보로 결정을 내려야 한다는 것을 의미했다. 24명의 네이비 실과 네 대의 헬리콥터를 파키스탄에 침투시키고, 목표지점은 파키스탄 육군 사관학교 그리고 주요 보병 대대에서 약 4.8km, 경찰서에서 1.6km 떨어진 지역에 위치한 건물이었다.

만약 그 결정이 잘못되었고 건물 안에서 돌아다니는 인물이 그저 키가 큰 파키스탄인에 불과하다면, 오바마 대통령의 정치적 경력은 끝날 것이다. 그는 평생 그 임무의 실패를 짊어지게 된다. 심지어 임무 수행 중 양측의 생명을 잃을 가능성도 있었다. 이는 거대한 위험이었지만, 대통령은 이를 감수해야 한다는 것을 알았다. 나는 그의 용기를 존경했다.

하지만 더 중요한 것은 위험의 본질을 이해하는 오바마 대통령의 지성에 감탄했다.

네이비 실에 관한 수많은 책과 영화들로 인해 잘못된 믿음이 생겼다. 임무를 받으면 우리는 그냥 총을 움켜잡고 나간다는 것이다. 영화에서 작전에 대한 모든 계획과 준비 과정을 보여주기에는 시간이 부족하다. 독자와 관객들은 행동을 원한다. 대담한 행동, 영웅적인 행동, 전투에서 벌어지는 놀라운 드라마를 보고 싶어 한다. 누가 마커와 화이트보드를 가지고 자세한 작전 계획을 그리는 것을 보고 싶어 할까?

위험을 감수하는 것이 무분별한 위험을 뜻하지는 않는다. 누구나 비즈니스나 전투에서 타인의 생명, 돈, 미래를 대담하게 대할 수 있다. 대담하게 행동한다는 것은 다른 사람들이 위험에서 물러날 때 기회를 잡는 것을 의미한다. 하지만 훌륭한 리더는 위험을 관리가 가능한 수준 즉, 임무를 수행하는 사람들의 훈련 또는 재능에 상응하는 수준으로 줄여야 한다는 것을 알고 있다.

빈 라덴 제거 작전에 앞서 3주간 작전팀은 임무를 계획하는 데 75% 시간을 보냈다. 중앙정보국은 파키스탄의 통합 방공망, 경찰, 군대, 지형, 날씨 및 빈 라덴의 인근 시설 등에 대한 광범위한 정보를 제공했다. 우리가 고안한 계획은 165개의 단계로 구성되어 있었고, 모든 훈련 요구사항, 필요한 장비, 추가 확인이 필요한 정보 그리고 가능한 한 모든 우발적인 상황을 식별했다. 우리는 우연과 불확실성이 모든 임무의 일부라는 것을 이해했지만, 그 어떤 것도 우연에 맡기지 않으려고 노력했다.

정보가 불완전했기 때문에 위험을 적절하게 평가할 수 없는 곳에서 (빈 라덴의 건물 내부에 부비트랩이 있다면? 지하에 탈출로가 있다면?) 우리는 각각의 우발적인 상황에 대처하기 위한 계획을 수립했다.

임무 수행 중, 앞서가던 MH-60 블랙호크 헬기가 빈 라덴의 건물에서 비행으로 발생한 소용돌이로 양력을 잃으면서 추락했다. 하지만 우리가 사전에 수립한 광범위한 계획 덕분에 예비 헬기가 나머지 임무를 완료했다. 헬기 추락은 우리가 예상하고 대비했던 위험 요소였다.

임무를 마치고 빈 라덴의 시신을 해상에 묻은 후, 세계는 환희하는 미국을 목격했다. 정의가 실현되었고, 대통령은 대담함과 불확실한 정보에 대한 위험을 감수하려는 의지로 정당한 박수를 받았다. 이 결정에 대해 압박을 받았을 때, 대통령은 빈 라덴이 건물에 있는 것에 대한 신뢰 수준이 50%에 불과했지만, 그는 임무를 수행하는 특수부대, 헬기 요원들, 정보 전문가들에 대해 100% 신뢰가 있었다고 언급했다. 비즈니스, 엔터테인먼트, 스포츠, 예술 또는 군대에서 위험을 감수하는 위대한 도전자들을 역사를 통해 바라보면, 그들은 모든 위험에는 기회가 있다는 것을 잘 알고 있었다. 기회는 지나치게 위험해 보이고, 앞으로 나아갈 자신이 없는, 자신감이 없는 사람들이 있기 때문에 존재한다. 하지만 성공한 사람들에게는 만 번의 실패가 있었다.

성공과 실패를 구분하는 것은 무엇일까?

1991년, 나는 캘리포니아주 몬터레이에 위치한 해군 대학원 학생이었다. 두 해 동안 나는 특수작전 이론을 개발하는 업무에 참여했고, 특수작전 임무가 예외적으로 고위험이라도 성공하는 이유를 알고 싶었다. 그들의 대담함만으로 이겨낼 수 있을까? 특수전 요원들이 적보다 뛰어나서 전투에서 이길 수밖에 없을까? 장비나 기술이 너무 뛰어난 것은 아닌가?

이론적으로 그런 요소들이 필요하지만, 작전 성공을 위해서는 충분하지 않았다. 대담한 자가 승리할 수 있는 것은 철저한 계획과 준비가 뒷받침되어야 했다. 특수작전 지휘관들은 많은 계획과 준비를 통해 주요 위험 요소를 파악하고, 그에 대처할 방안을 개발해냈다. 바깥에서 바라보는 사람들에게는 위험이 크게 보일지라도, 내부에서 보면 위험은 관리가 가능했다.

모든 위대한 리더는 대담함을 보여주어야 한다. 대중은 소심한 리더를 따르고 싶어 하지 않기 때문이다. 리더들은 다른 사람들이 약하고 실패를 두려워할 때 행동할 준비가 되어 있어야 한다.

그들은 '대담한 자가 승리한다'라는 표어를 수용해야 한다. 하지만 절대 대담함과 경솔함을 혼동해서는 안 된다. 전자는 괜찮지만, 후자는 분명히 실패로 이어지기 때문이다.

· **Tipping point**

1. 위험을 무릅쓸 기회를 찾아라. 위대한 리더는 결코 소심하거나 약한 의지를 보이지 않는다.

2. 철저한 계획과 준비를 통해 위험을 완화해라.

3. 실수로부터 배우고, 다음에 올 큰 위험을 감수할 준비를 해라. 단 하나의 실패로 자신을 정의하지 마라.

09

희망은
전략이 아니다

"목표를 세우는 것이 중요한 것은 아니다.
목표를 달성하기 위해 어떻게 할 것인지 결정하고,
그 계획을 지속하는 것이 중요하다."

_톰 랜드리 _Tom Landry_ (미식축구 코치)

고정되지 않은 대형 비디오 스크린은 벽에 어색하게 기대어 있었다. 나누어진 화면에는 워싱턴 대테러부 소속 고위 장교들 몇 명이 있었다. 나와 함께 방에 있었던 사람은 상사인 스탠리 매크리스털 Stanley A. McChrystal 장군이 있었는데, 그는 합동특수작전부대의 지휘관이었다.

2004년 2월, 매크리스털 장군과 나는 카타르 도하에 들러서 다른 기관의 동료들과 화상회의를 했다. 매크리스털 장군은 화면을 들여다보며 이렇게 말했다.

"우리는 알카에다에 의해 만들어지는 네트워크에 대응하기 위해 전 세계에 특수작전 및 정보기관 네트워크를 구축할 계획입니다."

그는 잠시 멈추었다가 말을 이어갔다.

"적들의 네트워크를 물리치기 위해 우리만의 네트워크를 구축해야 합니다."

매크리스털 장군은 더 강조하며 말했다.

"아주 힘든 일이군요."

누군가 말했다.

"국무부를 이것에 동의시킬 수 있을지 모르겠군요."

또 다른 한 명이 대답했다.

"이 모든 사람을 어디서 구하려고 하는 건가요?"

펜타곤 대표가 물었다.

"매크리스털 장군, 난 모르겠어요."

한 사람이 머리를 갸우뚱하며 말했다. 그러자 매크리스털 장군은 생각을 정리했다.

"음, 세계적으로 네트워크를 구축하는 것뿐만 아니라, 각자 최고의 사람을 하나씩 제공하여 국내 기관 간 작전팀을 만들어야 합니다."

나는 조용히 화면에 있는 몇몇 사람들이 눈을 돌리고 머리를 긁는 것을 지켜봤다.

"매크리스털 장군께서 하려는 일에 감사해요. 멋진 비전이지만, 이게 어떻게 가능한 건지 잘 모르겠군요."

주위의 다른 사람들은 모두 고개를 끄덕였다.

"우리는 모두 당신을 응원하고 있어요. 그리고 좋은 결과가 있기를 바라요."

좋은 결과가 있기를 바란다, 좋은 결과가 있기를 바란다.

매크리스털 장군은 의자에서 일어나 지우개 마커를 들고 화이트보드로 가서 계획을 세우기 시작했다. 바라기만 하는 희망은 우리의 전략이 아니었다.

'희망은 전략이 아니다'라는 인용문의 기원에 대해 약간의 논쟁이 있다. 내가 이 말을 처음 들은 것은 1985년 젊은 네이비 실 대위로 근무할 때였다. 나는 상관에게 우리가 모든 계획을 수립하고 훈련을 마친 뒤 작전이 잘 이루어지기를 바란다는 희망을 담아 실수로 얘기했다. 그러자 그는 나를 비난하며 희망만으로는 임무가 실패할 가능성이 높다고 말했다. 그는 모든 위험 요소들을 점검했는지 확인하라고 나를 다시 계획 회의실로 보냈다.

이 인용문을 빈스 롬바디의 공으로 돌리는 사람들도 있다. 그 이유는 미식축구팀 그린베이 패커스의 감독이었던 그가 경기 계획을 세울 때 우연이나 기대에 아무것도 의존하지 않았기 때문이다. 2001년, 릭 페이지 Rick Page는 《희망은 전략이 아니다》라는 책을 출간해 베스트셀러가 된 적이 있었다. 이는 비즈니스 관련 책이지만 비전을 가진 모든 리더들에게 동일한 함의를 제시했다. 즉 비전을 계획으로 바꾸기 위해 열심히 노력해야 한다는 것이다. 이 계획은 중간 목표와 측정할 수 있는 요소, 결과물을 가지고 있어야 한다.

매크리스털 장군에게 희망은 성공을 위한 중요한 요소였다. 하지만 그것은 군대를 행동으로 이끄는 원동력일 뿐, 제대로 된 계획이 없다면 그저 한낱 꿈일 뿐이었다.

다음 며칠 동안 매크리스털 장군은 참모들의 도움을 받아 네트워크의 기틀을 구축했다. 우리는 알카에다가 어디서 활동하는지 알고 있었고, 그들의 물류 중심, 경로, 금융 중심지, 모집소를 알고 있었으며, 이제 우리는 테러 조직이 존재하는 각 기관, 대사관, 모든 제휴 군대, 교차점마다 사람을 파견해야 했다. 정보는 우리 자체의 합동기관간 작전팀으로 전달되었는데, 이 팀은 우리가 구성할 수 있는 최고의 특수작전요원, 정보요원 그리고 법 집행 전문가들로 이루어졌다.

이후 5년 동안, 매크리스털 장군은 전쟁 역사상 가장 효과적인 군사 조직 중 하나를 구축했다. 매크리스털 장군이 그의 장교들, 부사관들과 함께 만든 특수작전 네트워크는 미국 정부의 모든 주요 기관과 대다수의 대테러 동맹국에 퍼져 있었다. 매크리스털 장군과 그의 팀이 수천 명의 미국인과 동맹국 사람들의 생명을 구했다고 해도 과장이 아니다. 테러리스트들의 계획은 무산되었고, 해적들은 좌절했으며, 독재자들은 쫓겨나고, 사악한 사람들은 감옥에 갇혔다. 이 모든 것은 매크리스털 징군과 그의 팀이 '희망은 전략이 아니다'라는 것을 인지하고 노력한 결과이다.

리더가 비전을 가지고 전략을 개발하여 비전을 현실로 이끌기 위해 계획을 수립하는 것은 자명한 일로 보인다. 이 개념은 간단하지만, 실행은 굉장히 어렵다. 그 이유는 이것이 리더의 전폭적인 관심을 요구하고, 모든 리더가 그렇듯이 하루에 수백 가지가 넘는 일들이 리더의 주의를 딴 곳으로 돌리기 때문이다. 나는 지휘관으로서 임기 동안 두 세 가지 주요 업무만 수행할 수 있다는 것을 알았다. 주의를 너무 넓게 퍼트리면 중요한 일에 집중하지 못하게 된다.

희망의 힘을 절대로 과소평가하지 마라.

희망은 영감을 주고 격려하며 권한을 부여한다. 희망 없이는 가치 있는 일을 이룰 수 없다. 하지만 희망은 그저 희망일 뿐이다. 희망을 체계적인 전략과 상세한 계획 그리고 많은 노력과 결합한다면 불가능한 것은 없다.

· Tipping point

1. 당신이 무엇을 할 것인지 말할 수 있는 비전을 가져라. 비전은 대담하고 영감을 주어야 한다.

2. 어떻게 목표를 달성할 것인지를 알려주는 전략을 수립해라. 명확하고 간결한 전략을 가져야 한다.

3. 책임 소재와 실행의 세부 사항을 보여주는 계획이 있어야 한다. 그리고 이들은 모두 연결되어야 한다.

10

어떤 계획도
적과의 첫 교전에서
살아남지 못한다

"당신이 좋은 계획을 세웠다고 해서
저절로 그렇게 되는 것은 아니다."

_ 테일러 스위프트 *Taylor Swift*

러스 스톨피 박사는 화면 앞에서 서성였고 때때로 프로젝터를 조정하기 위해 멈췄다. 60대 초반의 스톨피 박사는 키가 크고 수염은 깔끔하며 뒤로 젖혀지는 머리 스타일과 군복을 좋아했다. 유럽 전쟁 전문가인 스톨피 박사는 캘리포니아 몬터레이에 있는 해군 대학원에서 군사 역사를 가르쳤다.

녹색 군복을 입은 그는 장교들에게 그가 가장 좋아하는 프로이센의 헬무트 폰 몰트케 Helmuth Johannes Ludwig von Moltke 장군에 대해 강의하고 있었는데 혼동하지 말아야 할 점을 큰 소리로 강조했다. 몰트케 장군의 조카인 헬무트 폰 몰트케 청년은 장군과는 다르다. 몰트케 장군은 프로이센 육군의 참모총장으로 30년 이상 군에 재직했다. 그는 역사상 가장 뛰어난 군사 전략가 중 한 명으로 광범위하게 인정받았으며 프로이센 군대를 부흥시키고 현대화했다. 몰트케 장군은 동료 카를 폰 클라우제비츠 장군의 사고와 일치하도록 군의 집중과 기동을 강조했다. 또한 현대 군대가 성공하기 위해서는 장군들이 통제를 일부 포기하고, 부하들에게 더 많은 권한과 판단을 부여해야 한다는 것을 깨달았다.

사막의 폭풍 작전에서 막 돌아온 직후, 나는 프로이센 군사 전략에 대한 토론이 매우 흥미롭게 느껴져 90년대에도 여전히 적용할 수 있다고 생각했다. 스톨피 박사는 불을 켜고 프로젝터를 끄며 내게 물었다.

"맥레이븐 중령님, 오늘 배운 가장 중요한 교훈은 무엇입니까?"

그가 약간 과장된 말투로 물었다. 나는 재빨리 도표에 스톨피 박사가 그린 것들을 생각해 보았고, 그것들은 모두 군사 전략과 전술의 공리였다. 전쟁은 다른 수단에 의한 정책의 연속이었고 영원한 평화는 꿈일 뿐이며, 평화를 확보하기 위해서는 전쟁을 준비해야 했고, 모든 나라의 운명은 그 힘에 달려 있었다. 나는 하나를 골라야 했다.

"전쟁은 정책의 연속입니다."

"오, 제발요, 중령님."

스톨피 박사가 목재로 된 나무 포인터를 두드리며 말했다.

"장교로서 알아야 할 것은 무엇입니까? 계획을 수립할 때 가장 중요하게 고려해야 할 것은 무엇입니까? 전쟁 전략, 작전 또는 전술의 가장 근본적인 측면은 무엇입니까?"

스톨피 박사는 손을 뻗어 불을 껐고, 내가 대답하기 전에 그는 몰트케 장군의 인용문을 읽었다.

"어떤 계획도 적과의 첫 교전에서 살아남지 못한다."

스톨피 박사가 이어서 말했다.

"다시 말해서, 항상 비상 계획을 가지고 있어야 합니다. 일단 적과 마주치면 그 어떤 계획도 살아남지 못하니 대안이 있어야 합니다."

그 후 나는 2년 동안 스톨피 박사를 내 주 교수로 모시고 대학원 논문인 '특수작전 이론'을 작성했다. 특수작전의 역사에서 10개의 유명한 임무를 연구하면서 몰트케의 오래된 공리는 시간의 시험을 견뎌냈다는 것이 분명했다. 그것은 내가 쉽게 잊을 만한 것이 아니었다.

2분 남았다. 영상에서는 블랙호크 헬기 두 대의 측면 문에서 네이비실들이 빠르게 아보타바드에 있는 건물에 들어갈 준비를 하고 있었다. 이 건물에는 알카에다 지도자인 오사마 빈 라덴이 숨어 있었다.

아프가니스탄 작전 센터 안에서 나는 첫 번째 헬기가 5.5m 높이의 콘크리트 벽을 넘어 빈 라덴이 있는 건물 바로 옆 공중에서 정지 비행 상태에 도달하는 것을 주의 깊게 지켜봤다. 그런데 조종사가 하강 줄을 내리기 위해 준비하는 동안 헬기가 어색하게 흔들리기 시작했고, 헬기의 전면부가 위로 들어 올려지며 꼬리가 오른쪽에서 왼쪽으로 좌우로 흔들렸다. 이어서 라디오를 통해 조종사가 헬기를 통제하기 위해 고군분투하는 소리가 들렸다. 분명히 무언가가 잘못되었다.

몇 초 후, 헬기가 앞으로 퉁겨지며 꼬리가 강하게 왼쪽으로 흔들리며 장비와 대원들이 계획된 착륙 지점으로부터 먼 바깥마당으로 추락했다. 두 번째 헬기의 조종사는 선두 헬기의 경착륙을 보고 급히 오른쪽으로 기울여 건물 밖으로 네이비 실들을 착륙시켰다. 우리가 처음 계획한 모든 것이 엉망이 되어 갔고, 선두 헬기의 네이비 실들은 사전에 계획한 건물과는 전혀 다른 곳에 고립되어 목표물에 빠르게 도달할 수 없었다. 두 번째 헬기의 네이비 실들은 3층짜리 건물의 지붕에 있었어야 했지만, 아직도 건물 밖에 있었고 건물로 진입하기 위해서는 여러 개의 금속 문을 뚫어야 했다.

백악관 안에서 대통령과 그의 참모들은 함께 숨을 고르고 있었다. 그 순간, 작전이 성공할지 실패할지 알 수 없는 상황이었다. 그러나 상황이 좋지 않아 보일지라도, 임무가 다시 올바른 길로 돌아갈 또 다른 계획이 있다는 것을 알고 있었다.

오사마 빈 라덴을 제거하기 위한 임무인 '넵튠 스피어 작전'을 준비하며, 3주 동안 네이비 실 대원들과 헬기 요원들은 우발 상황에 대비해 가능한 한 모든 상황을 검토했다. 그들은 투입 지점에서 벗어날 것을 예상했을 뿐만 아니라, 누 대의 헬기가 추락할 경우를 대비해 추가 지원 헬기가 필요할 수도 있다고 예상했다. 계획대로 네이비 실은 빠르게 상황을 판단한 후 건물로 진입했고, 몇 분 안에 3층에 도달하여 빈 라덴을 사살했다. 동시에 헬기 부대 지휘관은 지원 헬기를 올바른 위치에 이동시킴으로써 임무를 마친 네이비 실 요원들이 빠르게 퇴출하도록 준비했고, 경착륙으로 손상된 블랙호크를 현장에서 파괴했다.

2시간 안에 작전에 투입된 모든 대원이 아프가니스탄으로 안전하게 돌아왔고, A 계획은 실패했지만 B 계획과 C 계획은 완벽하게 실행되었다.

군사결심수립절차 MDMP, Military Decision-Making Process 는 군사 작전을 위한 방책을 수립할 때 장교와 부사관들이 기본적으로 사용하는 절차이다. 이 절차는 임무 하달, 임무 분석, 방책 수립, 방책 비교, 방책 승인, 명령 하달 및 전파 등 일곱 단계의 과정으로 구성되어 있고, 이 절차에는 많은 변형이 있다. 해병대는 신속대응계획절차 R2P2 를 사용하고, 공군과 기타 부대들은 합동계획 시스템을 사용한다.

물론 대다수 주요 기업들은 금융 위기를 다룰 준비가 되었는지 판단하는 데 사용하는 다양한 스트레스 평가가 있다. 이런 평가에는 몬테카를로, 도드-프랭크법 스트레스 평가 DFAST, Dodd-Frank Act Stress Test 또는 포괄적 자본 분석 및 검토 CCAR, Comprehensive Capital Analysis and Review 와 같은 평가가 있다. 그러나 이 모든 접근 방식은 기본적으로 계획을 검토하고 대안을 개발하며, 최악의 시나리오에 대해 이러한 대안을 평가하고 실행에 필요한 모든 인원, 훈련 및 장비를 확보해야 한다. 계획 과정의 본질적인 부분은 아니지만, 가장 큰 위험을 줄이기 위해서는 방안을 리허설하고, 그런 다음 위험을 최소화하기 위해 계획을 수정해야 한다.

군사결심수립절차나 몬테카를로 또는 도드-프랭크법 스트레스 평가는 시간과 인력이 많이 든다. 또한 잘못된 가정으로 시작하면 모든 위험 요소에 대응했다는 오해에 빠질 수 있다. 그러나 이러한 우려 사항을 무시하더라도, 만약 회사의 임무 또는 문제가 정말 중요하다면 이러한 노력을 기울여야 한다.

1989년 엑슨 발데스호 해양 참사 이후, 국가운송안전위원회는 알래스카, 엑슨, 연방 및 주정부 관계자들이 수행한 비상 계획이 부적절했다고 보고했다. 그들은 '많은 점검관이 사건의 낮은 가능성에 초점을 맞추고, 고위험 사고는 절대 발생하지 않을 것이며, 만약 발생한다면 검증되지 않은 대응 계획으로도 충분하다고 결론지었다.'라고 판단했다. 이러한 B 계획에 대한 접근 방식은 종종 치명적인 실수를 가져온다.

리더로서 항상 최악의 시나리오에 대비하기 위해 조직이 노력을 기울였는지 확인해야 한다. 사고가 일어날 확률이 가장 낮아 보이더라도, 몰트케 장군이 말했듯이 어떤 계획도 적과의 첫 교전에서 살아남지 못한다. 리더는 항상 그다음을 준비해야 한다.

· Tipping point

1. 항상 최악의 시나리오를 고려하고 그에 맞게 계획해라.

2. 계획을 평가하여 조직 내 모든 구성원이 최악의 상황에서 어떻게 대처해야 하는지 인지시켜라.

3. 예상하지 못한 사건에 항상 준비해라. 머피는 낙관론자였다.

11

승자만이
보상받는다

"당신은 매일 경쟁하고 있다.
자신에게 매우 높은 기준을 세웠기 때문에
매일 나가서 그 기준에 부응해야 하기 때문이다."

_ 마이클 조던 *Michael Jordan*

나는 힘겨웠다.

캘리포니아의 해가 강하게 내리쬐었고 바다에서 불어오는 여름 바람이 내게 맞서며, 푹푹 빠지는 부드러운 해변의 모래는 군화를 신은 채 내딛는 나의 한 걸음 한 걸음에 엄청난 에너지를 요구했다. 설상가상으로, 어제 '서커스'라고 불리는 악명 높은 두 시간의 혹독한 체력 단련으로 인해 나는 지칠 대로 지쳐 있었다.

"맥 소위님! 맥 소위님은 장교입니다."

교관이 외쳤다.

"이 무리에 있으면 안 됩니다. 속도를 올리세요!"

파란색 반팔 티셔츠에 카키색 반바지 그리고 녹색 정글 부츠를 신은 교관은 모래 위에서 미끄러지듯이 우아하게 움직이며 이마에 땀 한 방울 없이 뛰고 있었다.

어떻게 그런 일이 가능한 걸까? 나는 궁금했다.

내 앞으로는 100m가 넘는 길이로 네이비 실 훈련생들이 뛰고 있었다. 몇 분 전, 우리는 6.4km 해변 달리기의 반환점에 도달한 상태였고, 이제 훈련생 모두가 마지막 힘을 다해 결승선을 향해 가고 있었다. 하지만 다들 그렇게 하는데 나만은 예외였다. 나는 대형의 맨 뒤에서 달리고 있었고, 간신히 그 자리를 유지할 수 있었다. 베트남전 참전 용사이자 장거리 구보에 적합한 마른 몸을 가진 네이비 실 교관이 내게 다가와 속삭였다.

"맥 소위님, 이럴 수는 없습니다. 맥 소위님 잘 뛰시지 않습니까?"

맞다. 나는 고등학교와 대학에서 달리기 선수였고, 이 네이비 실 기수에서도 잘 뛰는 훈련생 중 한 명이었다. 그러나 지금은 계속되는 힘든 훈련들로 지칠 대로 지친 상태였다. 내 연료는 다 떨어져 있었고, 이 시점에서 더 빠르게 움직이기 위해 동기 부여할 수 있는 것이 아무것도 없었다. 그때 교관이 말했다.

"맥 소위님, 승자만이 보상받는다는 것을 기억하세요."

승자만이 보상받는다.

이 말은 네이비 실 훈련에서 모든 교관이 사용했다. 그 의미는 네이비 실이 승자라는 것이었고, 그 승자가 되기 위해서는 기준을 높여야 한다는 것이다. 높은 체력과 전문성, 높은 행동 기준 등 승자들은 열심히 일했고 희생했다. 승자들은 결코 포기하지 않았으며, 당신이 네이비 실이 되려면 승자여야 했다. 그래서 우리는 모두 이 훈련에 지원했고, 우리는 승자가 되고 싶었다.

이 구호는 행동에 자극을 주기 위해 고안되었지만, 동시에 기준을 만족하지 못하면 대가를 치러야 한다는 묵시적인 경고도 포함하고 있었다. 해변 달리기에서 그 대가는 '군 스쿼드Goon Squad'였다. 목표 시간 내에 골인 지점을 넘지 못한 모든 훈련생, 즉 높은 체력 기준을 충족하지 못한 훈련생들은 즉시 모여서 추가로 3km 달리기를 해야 한다. 또한 이번 평가에서 실패한 훈련생들은 그날의 모든 과업을 마치고 2시간의 '서커스'를 해야 한다.

나는 팔다리를 더욱 빨리 움직이며 깊게 숨을 들이마시고 속도를 올리기 시작했다. 한 명 한 명 다른 훈련생들을 추월했고, 맨 앞에서 뛰고 있는 프레드 알쏘 소위가 멀리서 보였다. 알쏘는 인간 엔지니어링의 기적이었다. 이 기수에서 가장 강한 남자로서 그는 고통의 느낌이 없었다. 미소를 지으며 끊임없이 달릴 수 있는 남자였다.

"더 빨리, 더 빨리!"

교관이 나와 같은 속도로 뛰며 외쳤다.

우리는 이제 코로나도 방파제에 도착했고, 마지막 2km가 남았다. 옆에서 뛰고 있는 교관의 파란색 티셔츠를 볼 수 있었는데, 이제 교관도 땀을 흘리기 시작했지만 내 노력에 미소를 지으며 뛰고 있었다. 나는 코로나도 해변과 평행하게 이뤄진 네 개 건물들을 하나둘 지나가고 있었고, 이제 결승선까지 400m 정도만 남았다.

"더! 더! 더 빠르게!"

나는 내게 소리쳤다.

"지금이에요!"

교관이 소리쳤다.

"힘을 내세요. 힘을!"

내 폐는 불타오르고 있었고 아드레날린으로 다리는 무감각해지며 눈은 모래와 땀으로 뒤덮여 있었다. 내 앞에는 단 세 명의 훈련생들만이 남아있었는데, 나는 결승선을 향해 마지막으로 다리를 힘껏 움직였고 모래 속으로 굴러 들어가며 세 번째로 결승선을 통과했다.

"나쁘지 않아요. 맥 소위님, 나쁘지 않아요."

교관이 숨을 고르며 미소를 지었다.

네이비 실 훈련을 수료하고 팀에 갔을 때 '승자만이 보상받는다'라는 구호는 젊은 네이비 실들 사이에서 사라졌다. 오직 우리 늙은이들만이 교관들의 끊임없는 구호를 기억했다. 그러나 사라지지 않은 것은 높은 기준의 중요성과 당신이 최고라면 기준도 높아져야 한다는 기대감이었다.

1990년 7월, 나는 서태평양 파병부대 소속 네이비 실 작전 대장이었고, 우리 작전대는 두 대의 고속단정, 통신 분대 그리고 네이비 실

중대가 포함되어 있었다. 태평양을 가로질러 30일간의 항해 후, 우리가 속해 있던 다섯 척의 수상 원정 그룹은 필리핀 수빅만에 입항했고, 2,000명의 해병대원과 21명의 네이비 실은 상륙을 허가받았다.

다음 날 아침, 네이비 실 대원 중 한 명이 주점에서 싸움을 일으켜 상황이 심각해졌다는 보고를 받았고, 같은 날 22명의 해병대원도 같은 문제에 휘말렸다. 오전 8시에 함 내 스피커를 통해 내 이름이 방송되는 것을 들었다.

"맥레이븐 작전 대장, 함교 보고."

이는 좋지 않은 징조였다. 내 상관인 전대장이 나를 책망하려는 것을 알고 있었다. 계단을 올라가는 동안 나는 어떻게 말씀드려야 할지 준비하기 시작했다. 우리 네이비 실 대원 중 한 명이 문제를 일으켰지만, 그것을 22명의 해병대원과 비교하면 어떨까?

함교에 들어서자 마이크 쿠마토스 전대장이 자리에 앉아 있었고, 나는 의자에 다가가서 경례한 뒤 차렷 자세를 취했다.

"전대장님, 부르셔서 왔습니다."

의자에서 내려온 전대장의 얼굴에 분노가 가득한 것이 보였다. 마이크 전대장은 베트남전 헬기 조종사로서 전술적으로 뛰어나며, 지난 18개월 동안 상륙 준비 그룹을 지휘하는 등 뛰어난 능력을 입증한 군인으로 나는 그를 존경했다. 오늘날까지도, 나는 마이크 쿠마토스 전대장을 내가 경험한 최고의 리더 중 한 명으로 평가한다.

전대장은 이윽고 내 얼굴에서 불과 몇 인치 떨어진 곳으로 다가와 나를 노려보며 말했다.

"자네, 네이비 실 대원 중 한 명이 어젯밤에 주점에서 싸움을 일으켜 몇 명의 해병대원을 공격했다는 사실을 들었나? 이건 절대 용납할 수 없는 일이다!"

"네, 전대장님, 저도 동의합니다."

그리고 나는 이어서 바보 같은 실수를 저질렀다.

"하지만 전대장님, 같은 사건에 22명의 해병대원들이 문제를 일으켰다는 사실을 말씀드려야 할 것 같습니다."

더 말을 이어 나가기 전에 마이크 쿠마토스 전대장이 더 가까이 다가와 내 눈을 응시했고, 그의 얼굴은 분노로 붉어지고 있었다.

"그들은 해병대원들이야, 빌. 그들이 문제를 일으킬 수도 있다는 것은 예상했다."

그리고 그때 나는 왜 내가 네이비 실인지를 상기하게 되었다.

"하지만 나는 자네와 자네 네이비 실 대원들에게는 더 높은 기준을 적용한다. 그리고 나는 자네가 그들의 리더로서 나와 똑같이 하기를 기대한다. 명백하게 이해했나?"

"네, 전대장님. 잘 알겠습니다!"

나는 자네와 자네 네이비 실 대원들에게 더 높은 기준을 적용한다.

그 말은 내 군 생활 동안 머릿속에서 울려 퍼졌다. 우리 네이비 실 조직은 때로는 그러한 높은 기준을 만족시키지 못했고, 그로 인해 고통스럽고 수치스러운 결과를 만들었다. 그러나 우리는 결코 기준을 낮추거나, 최고가 되려는 노력을 멈추지 않았다.

그리고 나는 항상 이 조직의 리더로서 내 임무는 행동과 전문성의 기준이 지켜지도록 보장하는 것임을 알고 있었다. 이는 기준을 확립하는 것뿐만 아니라 사람들에게 책임을 묻는 것을 의미했다.

당신이 높은 기준에 대해 배우는 것은 그것이 조직에 얼마나 중요한지를 의미한다. 아무도 주변을 둘러보며 "그저 그런 보통 팀이 어디에 있을까? 그것이 내가 원하는 팀이다"라고 말하지는 않는다.

햄버거를 뒤집는 일을 하거나 세차하는 일을 하거나 상관없이, 스포츠를 즐기든지 군대에서 있든지 상관없이 모든 사람은 특별한 곳의 일원이 되길 원한다. 모든 사람은 훌륭한 조직의 존중받는 구성원이 되길 원한다. 그리고 위대한 조직이 되려면 높은 기준을 설정하고, 사람들이 그 기준에 부응하도록 기대해야 한다.

리더로서 우리는 때때로 우리와 함께 일하는 사람들에게 더 많은 것을 요구하고 기대할지도 모른다. 우리는 높은 기준을 설정하고 그것을 지키는 어려움에 대해 아주 잘 알고 있다. 그러나 여기서 말하고 싶은 것은, 당신과 함께 일하는 젊은 사람들은 끊임없이 도전하고 싶어 하고 최고가 되길 원하며, 승리자가 되길 원한다는 점이다. 때로 그것은 열심히 일하고 높은 기준과 책임을 지는 것을 의미한다. 목표를 높이

설정하고 기준을 높이며, 직원들이 도전하는 가치를 절대로 과소평가
하지 마라.

12

목자는 양처럼
냄새가 나야 한다

"이날부터 세상이 끝날 때까지, 우리는 기억될 것이다.
우리 소수, 우리 행복한 소수, 우리 형제들의 무리
오늘 나와 피를 함께 흘린 자들이 나의 형제가 될 것이다."

- 윌리엄 셰익스피어 *William Shakespeare*

긴 녹색 해군 가방을 어깨에 멘 채 나는 작은 빨간 불빛을 따라 승무원 침실 구역으로 들어가 팔을 뻗고 눈을 가늘게 뜬 채 머리를 좌우로 움직였다. 자정이 다 되었고, 하와이 히캄 공군 기지에서 나를 데리러 왔던 해군 소위가 다음 날 아침 6시 30분에 오울렛함에서 집합이 있을 것이라고 말했다. 1974년 6월, 학군사관 후보생 3학년으로서 나는 하와이 진주만으로 9주간 파병 중이었고, 승조원들과 같이 생활하며 함께 일하게 되었다. 나는 승조원들로부터 가능한 한 모든 것을 배우려고 노력했다. 그리고 그때의 경험은 나의 리더십에 대한 접근 방식을 완전히 바꾸었다.

나는 신발을 벗고 삼 층 침대 맨 위에 위치한 내 자리로 올라가기 위해 부드럽게 첫 번째 선반의 금속 난간에 발을 올렸으나 그만 발이 미끄러지고 말았다. 본능적으로 내 발은 다른 발판을 찾으려고 했고, 내 발이 다른 사람의 살을 밟았다는 것을 알아챈 순간, 침대에서 깊은 끙음이 들려오며 19세 인생에서 본 적 없는 거대한 남자가 굴러 나왔다.

"도대체 뭐야! 대체 뭐야!"

그가 소리쳤다. 팔이 내 허벅지만 한 거대한 사모아인이 화가 난 채 나타났고, 침실의 빨간 불빛이 그의 눈에서 번쩍였다.

"아, 정말 미안합니다."

나는 선반에서 내려오며 말했다.

"빌어먹을! 나 잘 거야. 조용히 해."

먼 침대에서 누군가가 고함을 질렀다. 사모아인은 화가 난 얼굴을 한 채 내 셔츠를 잡고 가까이 끌어당겼다.

"당신 누구요?"

그는 잠자고 있는 나머지 승조원들에 대해서는 개의치 않고 소리쳤다.

"조용히 좀 해!"

또 다른 목소리가 들려왔다.

"빌 맥레이븐, 저는 학군사관 후보생입니다. 한 시간 전에 이곳에 도착했습니다. 당신의 얼굴을 밟아서 정말 죄송합니다."

나는 이 순간이 마지막이 될 경우를 대비해 모든 말을 하나의 긴 문장으로 만들려고 노력했다.

거대한 사모아인은 나를 한쪽으로 돌려서 잠시 바라보고 다시 반대

방향으로 돌렸다.

"친구여, 내 얼굴은 하나밖에 없다고요. 이 예쁜 얼굴을 망치고 싶지 않아요. 여자들은 이런 얼굴을 좋아하거든요."

"네, 네, 물론이지요."

그는 내 셔츠를 놓고 나의 해군 가방을 잡았다.

"이거 그쪽 거요?"

그가 물었다.

"네."

"자, 이거 오늘 밤에는 다른 사람의 사물함에 넣고 내일 아침에 찾도록 해요."

그는 내가 가방을 정리하고 침대로 올라갈 때까지 기다렸다.

"그리고 친구여, 내 이름은 리키요. 해군에 온 걸 환영합니다. 내일 집합이 아침 일찍이니까 이제 잠을 좀 잡시다."

9주 동안, 리키는 나를 보살펴 주며 승조원이 되는 모든 방법과 함정 생활의 일상적인 것들을 가르쳐 주었다. 예를 들어, 전력 버퍼를 너무 꽉 쥐면 제어력을 잃을 수 있다는 것, 밤에 매트리스 아래에 작업복을 넣으면 가장 잘 다림질이 된다는 것, 변기의 얼룩을 없애기 위해서는 좋은 칫솔과 베이킹소다가 필요하다는 것 등을 가르쳐 주었다. 물론 호놀룰루에 어떤 좋은 술집, 주사위 게임장, 전당포가 있는지도 배웠다.

리키는 주사위 놀이를 특히 잘했다. 이러한 팁과 요령들은 승조원들과의 관계 구축에 도움이 되었지만, 더 중요한 교훈도 배웠다. 나는 모든 선원이 각자의 이야기를 가지고 있다는 것을 알게 되었다. 해군에 들어온 이유에 관한 이야기, 가족에 관한 이야기, 고향에 관한 이야기, 무엇보다 해외 파병에 관한 이야기가 흥미진진했다. 배가 거의 뒤집힐 뻔한 폭풍, 행진 중 거의 죽을 뻔한 경험, 거의 결혼할 뻔한 폴리네시아 공주, 전체 판돈을 가져간 카드 게임, 등에 용 문신을 넣은 이야기, 적도를 넘는 의식 그리고 바다 위의 멋진 일몰 등 모든 승조원은 자기만의 이야기가 있었고, 그 이야기를 누군가에게 전하고 싶어 했다.

당신은 함께 일하는 사람들의 이야기를 듣는 것만으로도 많은 것을 배울 수 있다. 나 또한 리키와 같은 승조원들이 특별한 것의 일부가 되고 싶어 한다는 것을 알았다. 그들은 그들의 함정에 자부심을 가지고 있었고 함정에서의 식사, 오랜 근무 시간, 장교 및 다른 승조원들에 대해 끊임없이 불평했지만, 승조원이 아닌 누구에게도 그들의 함정에 대해 나쁘게 말하지 않았고, 오히려 그 명성을 지키려고 했다.

내가 언젠가 해군 소위가 될 것임을 리키와 승조원들은 알고 있었기 때문에 그들이 장교들에게 바라는 것을 내가 이해하도록 도와주었다.

리키는 젊은 대위를 가리키며 "저분은 하루도 빠짐없이 나와 함께 보일러실에서 한 시간을 근무합니다. 이런 사람이 진짜 좋은 장교예요!"라고 말했다. "선임 참모님은 해야 할 때는 엄격하지만, 가능한 한 우리에게 여유를 줘요. 그분도 좋은 사람입니다. 그리고 함장님도 엄격하시고 우리에게 기대하시는 게 많지만, 항상 우리를 먼저 생각하시지요."

그들이 가장 존경했던 장교들은 120도가 넘는 보일러실에서 함께 일하고, 같이 렌치를 돌려주며, 저녁에 청소를 도와주기 위해 빗자루를 집어 들고, 함정의 측면을 도색하는 동안 물을 가져다주는 등 그들의 노력에 대해 감사히 여기는 장교들이었다. 하지만 그들은 또한 어려운 결정을 내리고, 책임을 지고 열심히 일하는 장교를 원했으며, 무엇보다도 승조원들이 한 힘든 일에 대해 그들의 가치를 인정해 주는 장교를 원했다.

마지막으로 비록 그들이 공공연하게 말하지 않았더라도, 그들은 자랑스러워할 수 있는 장교를 원했다. 그들은 똑똑하고, 운동신경이 좋고, 제복이 잘 어울리며, 자신들을 부끄럽게 만들지 않고 자유 시간에 술에 취하거나 과하게 흥을 내지 않는 장교를 원했다.

3년 후, 나는 해군 소위로 임관하여, 해군 특수전 기본훈련BUD/S을 받았다. 리키와 함께한 시간에 얻은 교훈은 내 마음 가까이에 있었다. 고통과 위험을 함께 나누고 동료애를 공유하며 그들의 이야기를 듣는다면, 그들이 무엇을 기대하는지 알게 될 것이다.

네이비 실 훈련은 다른 군대 훈련과는 달랐다. 장교들과 병사들은 계급에 상관없이 똑같은 훈련 장소에서 모래사장 구보, 바다 수영, 장애물 코스를 겪으며, 춥고 축축하며 비참한 날들과 끊임없는 교관들의 괴롭힘 그리고 끔찍한 지옥 주(네이비 실 훈련 중 가장 힘든 주)를 함께 겪는다. 사병들과 고난을 공유함으로써 장교들에게 무엇이 동기 부여가 되는지에 대해 이해할 수 있게 하고, 또한 장교들에게 공통된 유대감을 공유한다는 것에 대한 존경심을 심어 주었다.

그 후 37년 동안 나는 네이비 실과 함께 작전 현장에서 가능한 한 많은 시간을 보내려고 노력했다. 직급이 올라갈수록 업무는 더 어려워졌고, 때로는 내가 사무실에서 하는 일이 더 중요하다고 스스로 납득시키려고도 했다.

물론 조직의 전략적인 일도 중요하지만, 당신의 결정이 하위 계급에 어떤 영향을 미치는지를 아는 것도 중요하다. 만약 리더로서 당신이 공장 바닥에서 시간을 보내지 않고, 사무실 주변을 거닐지 않고, 인턴들과 대화하지 않으며, 후배 직원들과 커피를 마시지 않는다면 당신은 자신의 사업에서 무슨 일이 일어나고 있는지 이해하지 못할 것이다. 그리고 결국 리더로서 실패할 것이다.

이라크와 아프가니스탄에 있는 동안 나는 위대한 장군들, 영관급·위관급 장교들 그리고 고참 부사관들이 사병들과 어떻게 상호작용하는지를 보았다. 좋은 리더들은 최전방에서 시간을 보냈고, 팔루자에서 총알을 피하거나 아일랜드에서 험비를 타거나 힌두쿠시산맥 위를 헬기를 타고 비행하거나 감시탑을 관리한 장병들과 이야기했다. 이러한 소통은 군을 이해하고, 그로 인해 더 나은 결정을 내리는 데 중요한 역할을 할 뿐만 아니라, 사병들에게 그들의 리더가 땀에 젖고 바로 옆에서 더러워지는 것을 보여주었다.

프란치스코 교황은 "목자는 양처럼 냄새가 나야 한다"라고 말한 적이 있다. 이것은 비교적 새로운 표현이지만, 그것은 모든 위대한 리더의 생각을 반영한다.

만약 당신이 자신을 위해 일하는 사람들과 연락을 끊는다면, 만약 당신이 사무실에서만 너무 많은 시간을 보내고 공장 바닥에서 충분한 시간을 보내지 못해서 그들과 관계를 맺을 수 없다면, 그래서 당신이 보호하고 인도하기로 맹세한 사람들과 같은 냄새가 나지 않는다면, 당신은 나쁜 결정을 내리는 좋지 못한 리더가 될 것이다.

· Tipping point

1. 직원들과 어려움을 함께 나눠라. 당신은 그들의 존경을 받게 되고 리더로서 자기 자신에 대해 알게 될 것이다.

2. 동료애를 공유해라. 직원들은 당신이 즐거워하는 모습을 보고 싶어 한다. 그들은 그들의 리더도 인간이라는 것을 알고 싶어 한다.

3. 하급자들의 의견을 경청해라. 그들은 당신이 힘들게 고민하는 대부분 문제에 대한 해결책을 가지고 있다.

13

줄 맞춰 행동하라

"만약 당신이 듣고 관찰하는 것을 직업으로 삼는다면,
대화로 얻는 것보다 훨씬 더 많은 것을 얻을 수 있다."

_ 로버트 베이든 파월 _Robert Baden-Powell_ (보이 스카우트 창립자)

줄에 맞춰 행동하는 것은 깊이 뿌리내린 육군 전통이다. 역사적으로 장군들은 병력들을 열병식장에 집합시켰고, 장교들은 장군의 지침에 따라 병력들을 점검하고 훈련에 대해 질문하며, 가장 계급이 낮은 이등병에게도 장군의 명령이 명확히 전달되고 있는지 확인해 왔다.

　워싱턴, 그랜트, 퍼싱, 아이젠하워, 콜린 파월 그리고 육군의 최초 4성 여성 장군인 앤 던우디와 같은 모든 위대한 장군들도 줄에 맞춰 행동했다.

　육군뿐만 아니라 해군과 공군도 비슷하다. 매일 아침 해군과 해병들은 함미나 비행갑판에 모여 일일 과업을 부여받고, 공군은 비행 라인에 집합하여 명령을 받는다. 이 모든 경우에 있어서 장교는 병력들 사이에서 빠져나올 필요가 있음을 더 깊이 이해할 수 있다. 장교들은 지휘관의 명령이 잘 이행되고 있는지 확인해야 하고, 또한 병력들이 가능한 한 자주 그들의 지휘관을 볼 수 있도록 해야 한다.

내가 맡았던 모든 지휘 임무에서 '줄 맞춰 행동하라'는 건물, 기지 또는 부대 주변을 매일 걸어 다니는 행동을 통해 조직이 얼마나 잘 단합되고 지휘관의 리더십이 얼마나 뛰어난지에 대한 중요한 통찰력을 제공했다.

"사령관님, 가십니까?"

대령이 물었다.

"산책 좀 하려고."

내가 대답했다. 대령은 벽 위에 높이 자리 잡은 디지털시계를 바라보며 미소를 지었다. 현재 아프가니스탄 시간으로는 새벽 2시였고, 내 저녁 의식 시간이었다.

"마지막 임무는 한 시간 안에 끝날 겁니다. 사령관님, 만약 문제가 있으면 보고드리겠습니다."

"알겠다. 고마워."

나의 본부인 아프가니스탄 바그람에 위치한 합동작전센터는 보통 토요일 아침과는 다르게 유난히 조용했다. 칸다하르와 가즈니주에 있는 세 개의 레인저 임무는 이미 완료되었는데, 대원들이 찾고 있던 고가치 표적들은 잡혔지만, 첫 번째 작전에서 두 명의 병사가 부상을 당했다. 다행히 심각한 부상은 아니었지만, 동부 아프가니스탄 잘랄라바드 바깥에서는 네이비 실 대원들의 임무가 아직 진행 중이었다.

나는 합동작전센터를 떠나자마자, 네이비 실 대원들이 급습하는 아프가니스탄 건물을 프레데터(무인기) 영상으로 확대해 보았다. 작고 검은 실루엣들이 건물에서 건물로 움직였고, 그들의 표적 지시기에서 발사되는 레이저가 마당을 휩쓸며 목표물을 찾고 있었다. 그저 평소와 같은 아프가니스탄의 하루였다.

건물을 떠나려고 할 때, 출입 통제소의 젊은 경비병이 앞의 탁자에 있는 출입증을 주의 깊게 체계적으로 정리하는 것을 발견했다. 우리 특수작전 부대에 지원하는 많은 병사는 1년 파병을 함께하고 있으며, 우리 임무의 비밀성으로 인해 대부분은 우리가 누구인지 알지 못했다.

나는 잠시 멈추어 경비병과 대화를 나눴다. 그녀는 군대에 막 입대한 병사였는데 오하이오 출신이었고 벅아이즈 농구팀을 좋아했다. 그녀는 세 명의 남매가 있어서인지 강인했고, 남매 중 한 명은 해병대에 입대했지만 그는 아직 본토에 있었다.

그녀는 가족 중에서 최초로 군에 입대했으며, 또 최초로 전쟁터에 오게 되었다. 그녀는 자랑스러웠지만 조금은 두려웠다. 하지만 여기 사람들은 친절했고, 우리와 함께 복무하게 된 것이 기쁘다고 했다.

"그러면 여기 계신 분들이 누구인지 알려주시겠어요?"

나는 그녀의 군 복무에 감사를 표했다. 오하이오주 사람들이 그녀를 자랑스러워할 것이라고 말했고, 나는 전쟁터로 가기로 결심한 그녀가 자랑스럽다고 찬사했다. 그리고 우리가 누구인지에 대해서는, 음, 우리는 아프가니스탄에서 수배된 인물들을 추적하는 특수작전부대라고 말했다. 그녀는 얼굴에 큰 미소를 띠며 그녀의 남매들이 자기를 부러워할 거라고 말했고, 나는 그렇게 될 거라고 답변했다.

형광등, 컴퓨터 화면, 드론 영상 그리고 출구 표지판이 있는 2층 합판 건물과 달리 건물 밖 아프가니스탄의 밤은 놀랄 만큼 어두웠다. 항상 비행장 위에 희미한 노란빛이 떠 있었지만, 외부로 나가면 손전등은 필수품이었다.

나는 출입통제소를 떠난 후 오른쪽으로 돌아서 우리 기지의 주요 도로인 자갈길을 천천히 걸어갔다. 바그람 공군기지 중심부에 위치한 이 만 제곱미터 규모의 시설에는 1,000명 이상의 인원이 있었다. 기지의 식당과 병원은 우리 시설 밖에 있었지만, 우리가 임무를 계획하고 준비하는 데 필요한 모든 것은 벽으로 둘러싸인 지역 안에 있었다.

1시간 뒤, 유지 보수가 부족하다는 것을 알게 된 수영장 그리고 기계의 절반만 작동하는 세탁소를 지나 마지막으로 감시탑으로 갔다. 외곽 경계선을 따라 50m마다 길이 10m의 금속 격자 뼈대와 작은 격자무늬 구조물이 있었다. 그 구조물은 네 면 모두에 총구가 있었고, 50구경 기관총은 탈레반이 공격할 수 있는 공터를 향하고 있었다. 내가 바그람에 있던 시간 동안 우리 부대가 위협받는 지상 공격은 없었지만, 그런데도 늘 그런 경우를 대비하여 준비되어 있었다.

나는 작은방 아래에 이어지는 낙하문으로 가기 위해 사다리로 올라갔고 문을 먼저 두드린 후, 천천히 문을 열어 앉아 있는 경계병이 부딪치지 않도록 했다.

"이상 없습니다!"

경계병이 말했다. 경계병의 야시경을 망치지 않기 위해 내 헤드램프를 끄고 방 안으로 기어들어 갔다.

"오늘 밤 어떻게 지내고 있나?"

나는 천천히 일어서며 말했다.

"괜찮습니다. 당신은 어떻습니까?"

경계병은 어둠 속에서 내가 누구인지 알아볼 수 없었다.

"좋아, 아주 좋아. 나는 맥레이븐 중장이야."

"아직까지 별일 없이 다 좋습니다."

그는 분명 해군 중장이 누구인지 또는 중장이 왜 새벽 3시에 감시탑에 있는지 이해하지 못한 것 같았다.

"오늘 밤은 조용한가?"

내가 물었다.

"네, 그렇습니다. 밭 건너편에서 돌을 던지는 애들뿐입니다. 제 생각에 아이들이 저희를 별로 좋아하지 않는 것 같습니다."

"자네가 생각하는 게 맞을지도 몰라."

나는 어둠 속에서 미소 지었다.

"3-4, 여기는……."

무전기가 지지직거렸다.

"호출 중인 기지, 여기는 3-4, 재송신 바람."

경계병은 벨트 홀더에서 무전기를 꺼냈다.

"재송신 바람……."

알아들을 수 없는 대답이 돌아왔다.

"이런, 배터리가 다 떨어졌네."

경계병이 불평했다.

"근무하기 전에 확인했어야 했는데."

그는 시계를 바라보며 야간 조명 버튼을 누르고 시간을 확인했다.

"그냥 정기 점검일 뿐일 거야."

경계병은 혼자 중얼거렸고, 송신 버튼을 다시 누르며 말했다.

"여기는 3-4, 이곳은 이상 무!"

집중해서 듣고 있으니, '수신 완료'라는 약한 소리가 들려왔다.

콜로라도 출신의 조이 벤슨 이등병은 수다스러운 녀석이었다. 이등병으로서는 나이가 좀 있었는데 그는 군을 싫어했다. 하지만 여러 경범죄 위반 후에는 법원 판사가 그에게 큰 선택지를 주지 않았고, 그것은 감옥에 가거나 군대에 가라는 것이었다. 그는 군대에서 시간을 보내며 살기로 결정했고, 그 후에는 콜로라도로 돌아가 스키를 타는 것이 목표였다.

그는 더 큰 문제에 휘말리지 않고 시간을 보내고 싶어 했으며, 군대를 싫어한다고는 말했지만 동료들을 사랑했다. 군대를 싫어했지만, 사실 아프가니스탄에 있는 것을 즐겼다. 군대를 싫어했지만, 그의 장교들과 부사관들이 꽤 멋지다고 생각했다. 군대를 싫어했지만, 그는 정비병이 되는 법을 배우고 있었다. 군대를 싫어했지만, 사격하는 것을 즐겼다. 그는 제대를 고대하지만, 부사관이 되는 것도 멋질 것이라고 생각했다. 젊은 친구들에게 어떻게 군인이 되는지 가르칠 수 있을 테니 말이다.

다음 날 아침, 줄루 시간으로 11시에 우리는 전 세계 화상회의를 진행했다. 나의 특수작전부대는 전 세계의 크고 작은 기지에 배치되어 있었는데, 우리는 이라크에서부터 아프가니스탄, 소말리아에서 북아프리카, 필리핀에서 이란까지 모든 주요 작전을 검토했다.

모든 고가치 표적들, 국가에 실존적인 위협들 등 그날의 중요한 문제들을 모두 검토했다. 한 시간 후, 나는 마지막으로 마이크를 잡았다. 평소처럼 장교와 부사관들은 심오하고 의미 있는, 마치 알카에다, 탈레반, 알샤밥, 보코하람 및 아부사야프와의 전투를 바꿀 것 같은 예상치 못한 무언가를 기대하며 '늙은이'인 나에게 어떤 현명한 조언을 기대하고 있었다.

"여러분, 어젯밤 저는 부대를 돌아다녀봤고 몇 가지 사항을 발견했습니다. 각 지휘관과 선임 부사관이 이 중요한 문제들을 바로 처리하기 바랍니다."

내 앞에 있는 삼십 개의 비디오 화면에서는 다음 나의 지시 사항들을 기록할 준비를 하는 펜들이 보였다.

"먼저, 모든 지원 병사에게 우리 특수작전부대가 누구인지에 대한 브리핑을 해주십시오. 그들이 이 팀의 일원이 되길 바랍니다. 나는 그들을 자랑스럽게 생각하고, 그들도 여기에서 자긍심을 느끼길 원합니다."

몇몇 사람들의 코와 얼굴이 찡그려졌다. 보통 군인들에게 특수작전부대에 관해 브리핑을 하는 것은 보안 위험이라고 여겼다.

"다음으로, 모든 선임 부사관이 자신의 세탁 시설을 확인하고 모든 기계가 정상적으로 작동하는지 확인하기를 바랍니다. 만약 문제가 있다면, 내 참모에게 알리고 새로운 것을 얻길 바랍니다."

사람들은 이렇게 말하고 있었다.

'세탁 기계? 농담하시는 건가요? 3성 제독이 세탁소에 신경을 쓰신다고요? 그런 건 초급 부사관들이 걱정해야 하는 일입니다.'

"다음으로, 각 지휘관은 자신의 차량 정비소에서 차량 대 정비병 비율을 검토 바랍니다. 세 대의 차량에 한 명의 정비병이 있어야 합니다. 정비병보다 차량의 비율이 높다면, 내 참모에게 알리기를 바랍니다. 우리가 추가 지원하겠습니다."

'좋아요, 이해됩니다. 우리 모두 더 많은 정비병이 필요합니다.'

"마지막으로, 각 감시탑 감독은 감시 교대마다 개별 점검을 진행하기를 바랍니다. 감시 당직자가 무전기에 새 배터리가 있고 50구경 기관총을 올바르게 사용할 수 있는 모든 훈련을 받았는지 확인하기를 바랍니다. 모두 이해했습니까?"

사람들은 무심하게 끄덕였다.

나폴레옹은 "군의 사기는 물리적인 것과 비교했을 때 그 중요성은 10 대 1입니다"라고 말한 적이 있다. 이는 전장에서 병사들의 사기가 가장 중요한 것임을 시사한다. 하지만 리더들은 종종 사기의 본질을 오해한다. 사기는 단순히 직원들이 좋은 기분을 느끼는 것만이 아니라, 그들이 느끼는 가치다. 그들이 자신의 일을 수행하는 데 필요한 자원을 충분히 가졌는지다. 그들의 리더가 그들의 걱정을 듣고 있다고 믿는 것이다.

몇 주 안에 모든 세탁기와 건조기가 작동하기 시작했고, 정비소는 새 정비병으로 분주해졌으며, 2009년 5월 14일 아프가니스탄 시간 오전 1시, 14명의 탈레반이 야영지 앞의 평야를 건너가 수류탄을 던지며 감시탑에 사격을 가했을 때 감시탑에 있는 경비병들은 즉각적인 대응으로 공격을 무력화하는 데 도움을 주었다.

내가 군 지휘관으로 있을 때나 텍사스 대학 총장으로 있을 때, 언제나 이 조언이 내게 도움이 되었다. 리더들은 종종 조직의 흔한 문제를 다루는 데는 자신이 개입할 필요가 없다고 생각한다. 그리고 진정한 리더들은 조직을 다음 단계로 이끌어 줄 문제, 회사에서 가장 똑똑한 사람들만 해결할 수 있는 큰 문제를 해결해야 한다고 자신을 납득시키곤 한다.

물론 그렇기도 하지만, 가능한 한 낮은 수준에서 해결해야 할 문제도 있다. 그것이 처리되지 않으면 비효율성, 비효용성 및 낮은 사기를 초래하는 문제를 일으킨다. 조직의 하위 계층이 해결하기 어려운 문제 이지만, 리더의 간단한 지시 하나로 해결할 수 있는 문제들이다. 이러 한 문제를 파악하는 유일한 방법은 사무실을 나와서 자신을 대신하여 힘들게 일하는 사람들과 대화하는 것이다.

· Tipping point

1. 사무실에서 나와 제일 말단 직원들과 이야기해라.

2. 작지만 다루기 어려워 보이는 문제를 해결할 기회를 찾아라.

3. '작은 문제들'이 사기에 큰 영향을 미칠 수 있음을 당신의 고위 직원들에게 확실히 알려줘라.

14

당신의 점검을
기대하게 하라

"진리는 검토와 지연에 의해 확인되며,
거짓은 성급함과 불확실성으로 확인된다."

_ 타키투스 *Publius Cornelius Tacitus* (로마 시대 역사가)

1778년, 조지 워싱턴이 지휘하는 대륙군은 어려움에 빠졌다. 군사 훈련 경험이 없는 자원입대자들이 작전에 투입되었고, 그 결과 영국군의 정규군에게 완패를 당했다. 농부, 숙련공, 상인 등으로 구성된 이 무질서한 집단은 규율이 없고 조직 구조가 없으며 놀라울 정도로 낮은 사기로 인해 심지어 가장 간단한 군사 작전조차 수행하기 어려웠다.

　그해 겨울, 워싱턴은 그의 군대를 필라델피아 외곽의 밸리 포지 Valley Forge 로 이동시켰다. 그는 전문 군대를 구축하는 데 도움을 줄 사람이 절실히 필요했는데 당시 유럽에 있던 벤저민 프랭클린 Benjamin Franklin은 그 직책에 정확하게 맞는 사람을 추천했다.

　1778년 2월, 큰 흰 말을 타고 군복을 입은 채 거대한 권총 두 자루를 허리에 맨 프리드리히 빌헬름 폰 슈토이벤 Friedrich Wilhelm von Steuben 장군이 밸리 포지로 들어왔다. 한 병사는 슈토이벤 장군의 도착을 마치 '전설적인 전쟁의 신'이 온 듯이 묘사했다. 그는 17세 때부터 군인으로 복무했으며 7년 전쟁에서 여러 차례 상처를 입었고 병참장교, 프리드리히 대왕의 부관 등으로 복무한 경력을 가지고 있었다. 그는 정말 군인중의 군인이었다.

그가 도착하자 곧바로 워싱턴은 슈토이벤 장군을 대륙군의 검열장군으로 임명했다. 슈토이벤 장군은 자원자로 구성된 군대의 상황을 보고 놀랐다. 밸리 포지의 야영지는 형편없이 배치되었으며 텐트와 오두막이 들판에 흩어져 있었고, 병사들은 원하는 곳이면 어디서든 배설을 했고, 위생은 전혀 있지도 않았으며, 무기와 장비는 수용할 수 없는 상태였다. 게다가 기록을 잘 관리하지 못해서 부정부패가 광범위하게 퍼져 병사들은 먼저 소총과 다른 장비를 받은 다음 이를 되팔았다.

슈토이벤 장군이 도착한 지 며칠 후, 그는 병사들을 포함해 텐트, 소총 및 전투 장비를 점검하기 시작했다. 행정 기록들도 점검하여 부당하게 전쟁 이익을 추구하는 행위를 없애기 위해 노력했다. 그 후 곧바로 매일 훈련이 시작되었으며, 1778년 겨울 슈토이벤 장군은 미국 군대의 명령과 규율을 위한 규정을 작성했고, 이 문서는 발간된 이래로 미국 군대의 기반이 되었다.

슈토이벤 장군의 대륙군에 대한 영향력은 그들의 성공에 큰 영향을 미쳤고, 지난 245년 동안 좋은 질서와 규율의 개념과 점검의 가치는 모든 위대한 군사 조직의 기반이 되었다. 어떤 훌륭한 지도자도 점검의 필요성에 의문을 제기한 적이 없다.

엘리엇 버드 시드너드 대령은 갓길을 따라 걸어가며 세 대의 18륜
차가 줄을 서서 이동할 준비를 하고 있는지 살폈다. 트랙터의 운전석
안에는 안전운송국의 무장한 연방요원들이 있었고, 16m 길이의 트레
일러 안에는 미국 전역으로 운송 중인 핵 물질이 들어 있었다.

지난 3주 동안 그린베레 출신인 시드너드 대령은 새로운 요원들에
게 호송 세부 절차를 교육했는데 호송대에 있을 수 있는 모든 위협(테
러리스트의 매복, 활동가 단체의 도로 방해, 차량 고장 등) 상황을 훈련했다. 시
나리오마다 장교들은 구체적인 책임이 있었고, 국가에서 가장 위험한
화물을 이동할 때 어떤 일도 우연에 맡겨둘 수 없었다. 그러나 훈련은
끝났으며, 이제 실제 작전이었다. 시드너드 대령은 임무 감독을 연방
요원 중에서 가장 경력 있는 경찰대장에게 맡겼고, 그는 이제 책임을
지고 핵 물질의 이동을 감독했다.

시드너드 대령은 핵 물질의 이동 준비를 최종으로 확인하면서 한 가
지에 주의를 기울였는데, 단 한 번도 경찰대장이 트럭의 무장한 연방
요원들을 점검하지 않았다는 것이다. 그는 경찰대장에게 다가가 신중
하게 말했다.

"미안하지만 대장, 당신이 무장한 연방요원들을 점검하지 않았다는
걸 알았습니다."

대장은 약간 짜증이 난 듯한 표정으로 눈을 돌려 말했다.

"대령님, 우리는 모두 전문가예요. 굳이 점검할 필요는 없습니다."

시드너드 대령은 조용한 성격이었지만 꼼꼼한 사람이었고, 그는 날카롭게 말했다.

"음, 대장님, 만약 당신이 진정한 전문가라면 점검의 가치를 이해하실 겁니다."

대장은 잠시 멈춰 생각하더니 그에게 주어진 임무를 기억하고, 요원들의 장비가 제대로 착용되고 작동이 가능한지 확인하기 위해 한 명씩 돌아다니며 점검했고, 대장은 진정한 점검의 가치를 이해하는 사람이 시드너드 대령이라는 것을 알게 되었다.

시드너드 대령은 역사상 유명한 특수작전 중 하나인 북베트남 손타이 포로수용소 습격 작전의 지상군 지휘관이었다. 1970년 11월 21일, 70명의 병사를 수송한 헬기 6대가 태국에서 출발하여 라오스를 거쳐 북베트남 손타이 포로수용소에 억류 중인 미국인 포로 60명을 구출하기 위해 북베트남으로 날아갔다. 이 작전에는 4대의 C-130 수송기와 긴급 이륙 지원기를 포함하여 수백 대의 해군 및 공군 지원 항공기와 병력들이 투입되었다.

훈련 과정을 개발하고 리허설을 진행하며 점검을 감독하고 지휘를 맡은 것은 바로 시드너드 대령이었다. 작전 도중 시드너드 대령의 영웅적인 행동으로 그는 두 번째로 높은 훈장인 '수훈 십자 훈장'을 받았다. 31년의 군 경력을 마친 시점에는 은성훈장, 군단장, 동성 그 외 무

수한 훈장들도 포함되어 있었다. 손타이 습격 작전은 현대 군사 역사상 가장 대담하고 복잡한 작전 중 하나였다. 하지만 안타깝게도 임무 수행 전, 북베트남군은 우물의 오염 때문에 포로들을 다른 곳으로 이동시켰고, 지상군은 작전 지역에 도착하여 무장한 북베트남군과 격렬한 전투를 벌였지만, 긴 시간의 교전 끝에 포로들이 사라진 사실을 깨달았다. 비록 포로들을 구출하지는 못했지만, 작전의 조직과 실행은 완벽했다. 40년 후, 나는 오사마 빈 라덴을 제거하기 위한 '넵튠 스피어 작전'의 표본으로 손타이 습격 작전을 활용했다.

세계의 모든 군은 점검의 중요성을 이해한다. 우리는 제복, 무기, 차량, 전차, 항공기, 함정 등 조직에 가치 있는 모든 것을 점검한다. 하지만 기업 세계에서는 종종 해야 할 것보다 점검에 더 적은 관심을 기울이곤 한다. 모든 대표가 회사의 재무 상태를 확인하기 위한 내부 및 외부 감사를 하지만, 동일한 엄격함이 종종 기업의 다른 핵심 요소에 적용되지는 않는다. 점검의 중요성에서 종종 잊어버리는 것은 이러한 점검이 사기에 미치는 긍정적인 영향이다.

점검은 단순히 규정 준수를 보장하는 것뿐만이 아니다. 기업 시스템이 어느 정도의 규율을 강조하고 있음을 보여주고, 이것이 잘 적용되면 직원들은 품질을 중시하며 결과와 노력을 중요시하는 조직에서 일하고 있다는 것을 알게 된다. 누구도 점검을 좋아하지는 않는다. 하지만 전문가들은 그들보다 높은 위치에 있는 누군가가 대부분 세부 사항을 중요시한다는 사실을 인정할 것이다. 세부 사항이 사업의 성패를 좌우하기 때문이다. 리더로서 지나친 점검과 가벼운 점검 사이의 적절한 균형을 찾아야 한다.

거의 모든 조직은 방치하면 서툴고 훈련되지 않은 상태로 변해간다. 그것은 인간의 본성이다. 당신의 직원들은 자신의 작업이 평가되고 검토되며 점검될 것임을 알아야 한다. 이것은 당신이 설정한 높은 기준을 맞추기 위한 유일한 방법이다. 부대원들은 항상 점검이 지나치게 많다고 불평할 것이다. 그러나 또한 그들에게 기대하는 것이 무엇인지 알게 되는 부분은 감사하게 생각할 것이다.

· Tipping point

1. 조직 내 핵심 역량을 식별해라.

2. 정기적으로 점검하기 위한 계획을 수립해라.

3. 점검 중에 직원들에게 리더인 당신이 그들의 노력을 중요하게 여긴다는 것을 이해시켜라.

15

소통하라, 소통하라,
소통하라

"효과적인 팀워크는 소통으로 시작하고 소통으로 끝난다."

_ 마이크 슈셉스키 _Mike Krzyzewski_ (듀크 대학 농구 감독)

샌클레멘티섬은 샌디에이고 서태평양 쪽으로 약 130km 떨어진 곳에 있으며, 솟아올라 있는 울퉁불퉁한 지형으로 길이는 약 34km, 폭은 약 6.4km이다. 종종 낮은 안개에 가려져 있어서 멀리서 볼 때 마치 '킹콩의 섬'과 같은 느낌을 준다. 지난 60년간 샌클레멘티섬은 네이비 실 훈련 제3단계 과정의 본거지였다. 약 6개월의 혹독한 선발 과정을 거친 훈련생들은 마지막 3주간의 훈련을 성공적으로 마치기를 희망하며 샌클레멘티섬에 도착한다.

 이 최종 단계는 훈련 중에서 가장 힘들다고 알려져 있다. 훈련생들이 섬에 도착한 첫날 밤 네이비 실 교관들은 해안에서 4.8km 떨어진 바다 한가운데에 훈련생들을 던져 놓고 해안으로 다시 헤엄쳐 가라고 말한다. 교관들은 또한 샌클레멘티섬 주변 해역에서 먹이를 찾는 상어들에 대해 자세히 설명하는 데 큰 즐거움을 느낀다. 그리고 25km 달리기, 11km 오리발 수영, 끊임없는 폭파 및 사격, 매일매일 이어지는 체력 단련과 정신력을 테스트하는 지속적인 괴롭힘이 있다.

샌클레멘티섬은 네이비 실 훈련생들의 마지막 검증 장소일 뿐만 아니라, 장교와 선임 병사들에게 가장 중요한 장소이기도 하다. 네이비 실의 다른 어떤 훈련들도 리더십에 이 정도로 중점을 두지 않는다. 이 섬에서 리더들은 그들의 소대를 연속적인 시련을 이겨내도록 이끌어야 하는데 그중 대표적인 것은 가장 어려운 상황에서 명령을 하달하고 소대를 이끄는 능력을 평가하는 짧은 전투 훈련인 매복 훈련이다.

6개월 전 110명으로 시작한 우리 기수는 이제 33명으로 줄어들었다. 남은 우리는 매우 강력한 정신력과 동기로 무장했고 육체적으로도 매우 뛰어나며, 우리가 강력하다는 사실에 자만했다. 그날 아침 우리는 섬의 북서쪽 작은 고원으로 집합해야 했다. 회색 안개가 섬의 아랫부분에 드리워져 울퉁불퉁한 바다로 깔렸고, 해안선의 절벽은 모든 방향으로 가파르게 솟아올라 있었다. 섬의 대부분 지형은 덤불, 선인장 및 바위로 이루어졌지만, 작은 나무와 덤불이 우거져 작은 숲을 만든 구역이 한 곳 있었다. 이 숲은 소총 및 기관총으로 무장한 사람 7명을 숨길만큼 충분히 무성했고, 또 다른 14명이 길을 따라 정찰하는 데 충분한 길이의 숲이었다.

페이크티 교관은 훈련생들이 모인 대형 앞으로 걸어갔다.

"자, 신사 여러분, 오늘의 훈련은 간단합니다. 여러분이 선택한 길을 따라 걸어가다 보면 어느 순간, 덤불에 매복해 있는 교관들이 있을 것입니다. 그들은 공포탄과 모형 수류탄으로 여러분을 공격할 것이고, 여러분은 가능한 한 빨리 그 위험 지역에서 빠져나와야 합니다. 이해했나요?"

"예, 페이크티 교관님!"

우리는 동시에 외쳤다.

"맥 소위님, 소대를 집결시키십시오. 맥 소위님의 소대가 먼저 갈 것입니다."

페이크티 교관이 말했다. 나는 빠르게 13명의 우리 소대원들을 소집하여 정찰 형태로 정렬했다. 대열의 맨 앞에는 포인트 맨이 있었는데 최고의 지도 해석 능력과 뛰어난 나침반 기술을 가진 사람으로, 가장 예리한 눈과 날카로운 귀를 자랑했다. 소대장으로서 나는 두 번째 줄에 있었고, 내 뒤에는 통신사가 위치했다. 대열에서 내 위치는 포인트 맨에게 지시하고 난 뒤, 돌아서서 통신사를 통해 포병, 공중 지원 또는 해상포격 지원을 요청할 수 있었다.

당시에는 소대당 하나의 무전기만 할당되었고, 소대원 간 의사소통은 손과 팔을 이용한 수신호나 전투 중에 큰소리로 외치는 방식으로 이루어졌다. 통신사 뒤에는 화기(기관총 사수), 7명의 소총수, 의무 요원, 또 한 명의 화기 그리고 후방 경계 요원으로 구성되었다. 한 개 소대는 총 14명이었고 작은 규모였지만, 그 화력은 상당했다. 우리 기수에서 가장 경험이 많은 선임 하사인 짐 바너가 소대 앞으로 나와 말했다.

"모두 맥 소위님의 명령에 귀를 기울여야 합니다. 우리가 공격을 받으면 맥 소위님께서 어느 방향으로 움직여야 할지 알려줄 것입니다. 교관님들은 연막탄과 모형 수류탄을 던질 것이므로 맥 소위님의 명령을 듣고 수신호를 주시하십시오."

후방 경계 요원 마샬 루빈이 이어서 말했다.

"그리고 맥 소위님의 명령을 차례차례 전달해서 제게도 알려주세요!"

모두 고개를 끄덕였고 훈련에 대해 잘 이해하고 있었다. 내가 전진하라고 하면 우리는 앞으로 뛰었고, 내가 왼쪽으로 움직이면 우리는 모두 왼쪽으로 움직였다. 매복 공격에서 가장 중요한 것은 가능한 한 빨리 위험 지역에서 벗어나는 것이다. 이것은 모든 소대원이 단합을 잘 해야 한다는 것을 의미했다. 소대장이 자신의 의도를 지시하지 않는다면, 소대가 한 몸으로 움직이지 않는다면, 모든 사람이 같은 방향으로 사격하지 않는다면 재앙은 불가피했다.

최종 장비 점검을 한 후 우리는 기동을 시작했다. 해안의 안개는 걷혔지만, 강한 바람이 휘날리듯 불고 있었다. 톡 쏘는 소금물의 냄새와 썩은 바다사자의 악취가 콧구멍을 가득 채웠다. 그리고 견고한 군복, 정글 부츠, 조끼, M-16 소총을 들고 기동하는 우리는 네이비 실의 분위기가 조금씩 났다.

약 15분 동안 열린 평야를 정찰한 후, 우리는 덤불로 향하는 흙길에 도착했다. 나는 적이 이 지역에 있을 수 있음을 알리기 위해 수신호를 보냈고, 소대원들은 줄줄이 이 상황을 전파했다. 공격이 어디에서 올지 모르기 때문에 나의 눈은 계속 좌우로 빠르게 움직였고 자연스럽지 않은 이상한 소리가 있는지 주의 깊게 듣고 있었다. 움직이는 모든 덤불과 부러진 나뭇가지 하나하나가 내 시선을 끌었고, 움직이는 태양에 의해 만들어지는 그림자들이 거기에 사람들이 있는지 없는지 생각하게 했다.

표준 군용 M-16 소총은 방아쇠를 당기면 3kg의 무게가 작용한다. 소총을 쥐고 있는 사람이 곡선 모양의 금속 방아쇠를 당기면, 발사핀이 첫 번째 탄약의 뇌관과 접촉하기 전에 딸깍하는 소리가 난다. 방아쇠를 당기는 순간과 탄환이 발화되는 순간의 시간은 불과 1초도 채 되지 않지만, 이를 들을 수 있다.

"매복 오른쪽! 매복 오른쪽!"

누군가 소리쳤다. 오른쪽 높은 덤불에서 빈 탄약 발사음이 귀를 깨끗하게 울리며 터져 나왔고, 적들의 공격이 시작되었다. 동시에 모든 소대원은 땅에 엎드려 키가 큰 풀들을 향해 사격을 시작했다.

"수류탄! 수류탄!"

또 다른 대원이 외쳤다. 내 바로 왼쪽 즉, 포인트 맨의 바로 옆에서 첫 번째 모형 수류탄이 폭발했고, 이어 또 다른 수류탄이 폭발하자 내 귀는 윙윙거리기 시작했다. 내 주변에서 소대는 계속 사격하며 탄창을 교체하고 나의 명령을 기다리고 있었다. 덤불이 너무 두꺼웠기 때문에 우리는 반격할 수 없었고, 교관들이 오른쪽 출구를 막아 두었기 때문에 이 위험 지역을 벗어나는 유일한 선택지는 왼쪽으로 기동하는 것이었다. 마음속으로는 그것이 교과서적인 답이라는 것을 알고 있었지만, 나는 더 좋은 생각이 있었다.

나는 망설임 없이 M-16에 다른 탄창을 넣고, 웅크린 자세에서 일어나 왼쪽 덤불의 가장자리를 돌아서 뛰었고, 지나가면서 포인트 맨에게 머리를 끄덕였다. 나는 교관들의 측면에서 공격하며 덤불 주위를 돌아 그들 뒤에서 역으로 공격할 계획이었고, 이것은 정말 멋질 것 같았다.

마치 홀린 사람처럼, 나는 빠른 속도로 덤불들을 통과하고 작은 바위들을 뛰어넘어 교관들의 뒤쪽 고지에 위치한 좋은 자리를 선점했다. 그리고 소총을 연발로 바꾸고 덤불 위에 있는 7명의 적들을 향해 방아쇠를 당겼다. 우리가 이겼다!

"맥 소위님! 뭐 하는 겁니까?"

페이크티 교관이 땅에서 벌떡 일어나 외쳤다.

"적들을 죽이고 있습니다!"

나는 빠르고 자랑스럽게 대꾸했다. 베트남전 참전 용사이자 소수의 흑인 네이비 실 중 한 명이었던 의무 교관인 제닝스가 일어나 경멸스러운 눈빛을 보냈다.

"맥 소위님, 당신은 빌어먹을 바보입니다."

그는 말했다.

"본인의 소대원들을 위험 지역에 놓아두었습니다. 그리고 소대원들은 맥 소위님이 지금 무엇을 하는지 알고 있었습니까?"

어떻게 된 일인지, 이것은 내가 상상한 대로 되지 않았다.

"소대와 함께 돌아가세요, 맥 소위님."

제닝스가 엄중하게 말했다. 나는 최악의 비난이 그렇게 끝난 줄로 알았다. 분명 소대원들은 내 빠른 사고력을 이해해 줄 것이었다. 내가 무엇을 시도하고 있는지 알아차릴 것이었다. 내가 교관들을 물리친 것이니 가치가 있다고 생각했다.

"맥 소위님, 뭐 하신 거예요?"

바너가 페이크티 교관이 했던 말과 똑같이 말했다.

"어디로 가셨는지 전혀 몰랐습니다."

르블랑이 말했다. 나는 빠르게 설명하려 했다.

"이봐, 내 얘기를 들어봐. 나는 적의 측면을 공격할 기회를 포착했고, 우리 소대를 구하기 위해 그렇게 한 거야."

"좋습니다, 맥 소위님. 하지만 우리는 맥 소위님이 어디서 무엇을 하려는지, 어디로 가려는지 알지 못했습니다."

루빈이 이어서 말했다.

"저는 맥 소위님이 전투에서 도망치려고 하는 줄 알았습니다."

"뭐? 아니! 나는 우리 소대를 구하려고 했다."

"맥 소위님, 정말 죄송하지만······."

바너가 조금은 덜 신랄하게 말했다.

"맥 소위님의 임무는 우리를 위험 지역에서 구해내는 것이었고, 의

156

도를 전달하여 우리가 함께 움직이고 살아남을 수 있게 하는 것이었습니다."

나는 그저 고개를 끄덕였다. 그들이 옳다는 것을 알았다. 바너의 말은 군 생활 동안 계속 나를 따라다녔다.

'당신의 임무는 우리를 위험 지역에서 구해내는 것이었으며, 의도를 전달하여 우리가 함께 움직이고 살아남을 수 있게 하는 것이었다.'

실제 작전에서 매복에 걸려 목숨을 걸고 싸우는 것보다 더 어려운 것은 없다. 하지만 당신이 실재하는 위협을 겪든, 아니면 당신의 사업에서 어려운 시기를 겪든 간에, 성공한 리더는 당신의 행동을 하급자들에게 전달해야 한다는 것을 알고 있다. 만약 조직 구성원들이 하나로 움직이기를 원한다면, 가장 말단 직원조차 당신의 의도를 이해하고 당신의 지시를 따르도록 해야 한다.

미국 육군 레인저의 핸드북 첫 페이지에는 로저스의 레인저를 위한 기본 지침이 있다. 레인저는 1756년에 로버트 로저스 소령에 의해 조직되었다. 그는 9개의 미국 식민지 개척 중대를 모집하여 프랑스와 인도 전쟁에서 싸우도록 훈련시켰다. 로저스는 뉴햄프셔 출신으로 숙련된 사냥꾼이자 추적자 그리고 군인이었다.

그는 19개의 '기본 지침'을 문서로 정리하여 레인저들에게 암기시켰고, 200년이 넘은 지금도 모든 현대 육군 레인저가 이 규칙을 암기하고 있다. 2세기 이상에 걸쳐 전해 내려오는 이러한 규칙은 지휘 체계를 통해 더욱 강화되었는데, 초기에는 나무에 게시되었고, 그 후 레인저 핸드북의 문서로 작성되었으며, 지금은 인터넷에 올라와 있다. 레인저 휘장을 착용하는 모든 사람은 현장에서 무엇을 해야 하는지 알고 있다.

내가 합동특수작전사령부를 지휘하는 동안, 우리 부대는 세계 곳곳에 주둔하고 있었다. 일반적으로 하루 여섯 차례 화상회의를 진행했으며, 현장의 지휘관들은 내 명령을 이해하는 동시에 최하위 계급의 병사들까지 지침을 하달하고 피드백을 받았다.

몇 년 후, 내가 미국 특수작전 전체를 지휘하는 통합특수작전 사령관이 되었을 때, 우리는 정기적으로 모든 인원이 참석하는 실시간 회의를 진행했고, 다양한 문서를 나누어 줬다. 게다가 지휘관인 나의 의도, 조직의 가치와 목표는 모든 사무실과 모든 책상에 전시되도록 지시했다. 군에서 은퇴한 후, 나는 텍사스 대학교에서도 똑같은 소통 철학을 가져왔다.

모두가 원활한 소통의 중요성을 이해하지만 리더들은 목표, 목적, 가치 및 의도가 조직 구성원에게 명확하게 전달되기 어렵다는 사실을 안다. 소통은 리더의 지속적인 노력이 필요한 부분이다. 이것은 직원 한 명에게만 맡길 수 없는 일이다. 메시지가 명확하게 전달되고 조직적 변경을 수행하기 위해 필요한 피드백을 수신하려면 리더는 직접

관여해야 한다. 예나 지금이나 모든 리더는 어려움에 맞서 싸워야 한다. 이는 아마도 위기일 수도, 불화일 수도, 오해일 수도, 기회일 수도 있다.

그냥 이것을 기억하라.

공격적으로 움직일 때 무엇을 하려는지 모두가 알 수 있도록 해라.

소통하라, 소통하라, 소통하라!

• Tipping point

1. 소통이 양방향으로 이뤄질 수 있도록 해라.

2. 조직의 가치와 목표를 최하위 구성원까지 이해시켰는지 확인해라.

3. 중요한 조치를 취하기 전에 반드시 최하위 구성원에게 정보를 알려줄 계획을 세워야 한다.

16

의심스러울 때 과하게 일하라

"열심히 일한 결과를 제외하고는
그 어떤 것도 얻을 가치가 없다."

_부커 T. 워싱턴 _Booker T. Washington_ (미국 교육자)

폭풍 전선이 빠르게 움직이고 있었다. 어두운 구름이 수평선 위로 높이 솟아오르며 바람이 35km의 속도로 강하게 불었고, 샌클레멘티 섬 앞바다의 거센 파도로 인해 수면에서 3m 아래에 있는 콘크리트 장애물을 찾기가 어려웠다.

안개와 바닷물이 차 있던 내 마스크 안에서 해안선에 반쯤 묻힌 장애물을 발견했다. 나는 폭약 가방을 움켜쥐고 다이빙하여 그 장애물에 박혀 있는 강철 보를 찾아내어 폭약을 콘크리트에 밀착시켰다. 그 장애물은 거대했으며, 상륙 작전 진입로 바로 앞에 위치했다. 이것이 파괴되지 않으면 해병대원을 이송하는 마이크 보트는 돌아가야 하며 작전이 중단될 것이다.

나는 UDT-11의 신임 소위로서, 21명의 부대원으로 구성된 소규모

팀을 지휘하게 되었다. 해군과 해병대 훈련 통제관들은 상륙기동 부대의 작전 구역에 강철 보가 돌출된 1.2×1.2m 크기의 대형 콘크리트 블록 10개를 뿌려 놓았다. 우리의 임무는 상륙작전 구역에 있는 장애물을 제거하는 것이었다. 이것이 단지 훈련일지라도 심각한 부상을 당할 위험이 높았다. 만약 마이크 보트가 강철 보에 걸리고 파도에서 벗어날 수 없다면 전복될 수 있었기 때문이다.

훈련 전에 우리는 정확한 양의 폭발물, 정확한 폭파 시간을 위한 도화선의 길이, 폭약과 뇌관의 정확한 수량 그리고 항상 충분한 여분들을 보유하고 있는지를 확인하기 위해 상세한 계획을 수립한다.

제2차 세계대전 이후로 해군 특전요원들은 태평양 전역과 노르망디 상륙을 위해 수중 장애물들을 제거해 왔다. 흥미롭게도, 수중 장애물 제거 기본 사항은 75년 동안 변하지 않았다. 특전요원들은 고속단정에 탑승한 채, 해변에 접근하여 수심 7m 깊이의 해안선과 평행한 수면 위로 투입된다. 특전요원들은 플라스틱 판과 그리스 연필 그리고 납을 사용하여 해변을 점검하고, 중간중간 장애물을 찾기 위해 다이빙을 한다.

모든 특전요원이 할당된 구역의 점검을 마치면, 고속단정은 특전요원들을 데리고 모선으로 돌아오고, 팀장은 장애물의 위치를 기록한 후 파괴에 필요한 정확한 폭약의 양을 계산한다. 이 계산은 정밀했다.

1.2×1.2m의 장애물 하나당 C4 폭약 9kg이 필요했고, 모든 폭약이 준비되면 특전요원들은 다시 고속단정에 탑승하여 해변으로 돌아가,

폭약을 장애물에 부착하고 폭발시켜 장애물을 제거했다.

하지만 오키나와, 노르망디, 인천 그리고 베트남에서 60년간 이어진 해변 장애물 제거 경험은 특전요원들에게 한 가지 매우 중요한 교훈을 가르쳤다. '폭약의 양에 대해 의심이 들 때마다, 항상 추가로 준비하라. 항상 보이는 것보다 더 많은 에너지, 더 많은 힘, 더 많은 전력을 해결책에 투입하라.' 그것은 불확실성과 의심에 맞서 성공을 보장하는 유일한 방법이었다.

5년 후, 나는 동부 해안의 네이비 실 팀에 배치되었고 근무 중 해임되어 다른 팀으로 재배치되었다. 당시에는 내 경력이 끝난 것처럼 보였고, 해임되는 것은 언제나 좋지 않은 일이지만, 해군에서 해임당하는 것은 정말로 나쁘며, 특히 네이비 실에서 해임당하는 것은 더욱 심각했다. 모두가 나를 알고 있기 때문이다. 다행히도 UDT-11에서 함께 근무했던 존 산도즈 중령과 존 라이트 소령은 나를 믿어 주었고, 새로운 네이비 실 팀에서 다시 근무할 기회를 주었다.

나는 두 번째 기회가 없다는 것을 알았기 때문에 동료에게 다시 인정받을 수 있는 유일한 방법은 다른 누구보다 더 열심히 일하는 것뿐이었다. 나의 능력과 전문성에 대한 의심이 든다면, 나는 필요한 모든 것에 노력을 쏟았다. '의심이 들 때, 모든 노력을 쏟아라'라는 구호가 매일 내 머릿속에서 울려 퍼졌다. 내 결심에 관해서는 아무것도 우연에 맡기지 않았다. 다음 해에 나는 성공적인 파병 임무를 완수하고, 동료 네이비 실들의 존경을 되찾으며 경력을 회복할 수 있었다.

그러나 25년 후, 내가 해군 중장으로 진급하여 합동특수작전사령부를 맡았을 때 비슷한 상황에 부닥쳤다. 우리가 추적하던 알카에다의 핵심 인물 몇 명을 포획할 기회가 있었지만, 문제는 알카에다 테러범들이 다른 나라에 숨어 있었고, 그 나라에서의 지상 작전은 정치적 민감성 때문에 금지되어 있었다. 하지만 중앙정보국, 국방부, 펜타곤, 국무부 및 백악관을 몇 달 동안 설득하여 임무 승인을 받았다. 나는 몇몇 동료들로부터 만일 이 일이 잘못되면 사령관으로서의 경력도 단축될 수 있다는 경고를 받았다. 그렇지만 이 사람들을 체포하여 얻는 정보가 그 위험을 충분히 가치 있게 만들 것이라고 생각했다.

하지만 불행하게도, 5명의 나쁜 놈들을 체포하는 것에 실패했고, 임무를 수행하던 네이비 실은 적과 치열한 전투를 벌였으며 곧 임무는 중단되어야 했다.

모두가 안전하게 돌아왔지만, 나의 계획과 작전을 지휘하는 지도력은 실패한 것이 분명했다. 이후 며칠 동안 나는 작전 결과에 대한 감시를 받았고, 한 고위 장교는 "아마 맥레이븐은 이 직무에 적합하지 않을지도 모른다"라는 의견을 표명하기도 했다.

나에 대한 의심이 상급자들의 마음에 스며들었고, 내 능력에 대한 의심, 내 리더십에 대한 의심이 퍼져나가기 시작했고, 나 자신에 대한 의심도 있었음을 인정해야 했다. 하지만 내 오랜 경험은 나에 대한 의심을 해소하는 유일한 방법이 일을 더 많이 하는 것임을 가르쳐 주었다. 더 일찍 일어나고, 더 오랫동안 일하며, 더 많은 전술 작전에 참여하고, 전장을 끊임없이 연구하고, 훨씬 더 적게 잠을 잤다. 그리고 그다음 기회가 왔을 때, 나는 준비되어 있었다.

열심히 일하는 것은 기회를 만든다. 그것이 단순한 진리이다. 그리고 만약 당신이 길을 잃었다면, 노력을 두 배로 하는 것은 확실히 성공의 새로운 기회를 드러낸다. 모든 리더는 가끔 실패하며, 그 실패는 당신의 비전, 계획, 헌신, 재능 및 리더십에 대한 의심을 일으킬 수 있다.

항상 기억해라. 의심이 들 때 모든 노력을 쏟아라.

· **Tipping point**

1. 열심히 일해라. 모두가 리더는 열심히 할 것이라고 기대한다.

2. 더 열심히 일해라. 더 큰 노력을 해라. 그것은 부하들에게 영감을 줄 것이다.

3. 가장 열심히 일해라. 그것은 이전에 없던 기회를 열어줄 것이다.

17

긴 녹색 탁자 앞에
설 수 있는가

"모든 실패의 99%는
변명하는 습관이 있는 사람들로부터 나온다."

_ **조지 워싱턴 카버** _George Washington Carver_ (미국 식물학자)

1925년 10월, 미국 영웅인 빌리 밋첼 Billy Mitchell 장군의 법정 군사 재판에 온 나라가 주목했다. 밋첼 장군은 제1차 세계대전 중 항공 전투에서의 업적으로 두 번째로 높은 훈장을 받은 조종사였다. 또한 그는 공군력을 강력히 주장하는 사람으로, 또 다른 전쟁이 눈앞에 있다고 믿으며 육군과 해군에 견줄 만한 통합 공군을 구축해야 한다고 생각했다.

밋첼 장군은 특히 고폭탄을 실은 항공기가 전함을 침몰시킬 수 있다고 단언했다. 그러나 해군 지도부와 백악관은 의회에 추가 전함 건조를 위한 입장을 제시하고 강력하게 그 입장을 방어했다. 전함의 생존력을 입증하기 위해 해군은 여러 차례 시연을 했고, 그 시연은 해군에 유리하게 조작되었으며, 밋첼 장군은 그 속임수를 폭로했다. 밋첼 장군이 합법적인 테스트를 요구한 후에야 마침내 공군이 바다와 땅에서 우위를 보일 수 있다는 사실을 확실히 입증했다. 그런데도 군 당국은 통합 공군 아이디어에 대해 강력하게 반발했고, 밋첼 장군은 결국 육군과 해군 지도부를 '거의 반역적인 국방 행정'이라고 비난하면서 군사 재판에 회부되었다.

군사 재판은 13명의 장교로 이루어진 배심원으로 구성되었으며, 젊은 장군인 소장 더글러스 맥아더 Douglas MacArthur도 포함되었다. 밋첼 장군을 옹호하는 증인 중에는 제1차 세계대전 영웅인 에디 리켄배커 Eddie Rickenbacker, 헨리 할리 아놀드 Henry Harley Arnold 장군, 그리고 칼 스파츠 Carl Spaatz 장군과 같은 명성 있는 인물들도 있었다. 훗날 이들 장군은 미 공군을 이끌게 된다.

7주간의 재판이 진행되는 동안 밋첼 장군은 많은 장교가 모인 '긴 녹색 탁자' 앞에 서서 자신의 주장을 펼쳤다. 그는 육군과 해군 지휘부에 이 문제들을 제기하는 것이 도덕적, 법적, 윤리적 의무임을 절대 흔들리지 않고 주장했다. 그는 전쟁이 다가오고, 불가피한 상황을 인식하고 싸움에 대비하지 않는 것은 반역과도 같다고 말했다.

그가 받은 모든 지지와 열정적인 변론에도 불구하고, 밋첼 장군은 모든 혐의에 유죄로 판결받았다. 13명으로 이루어진 배심원 중 맥아더 장군만이 무죄 판결을 내렸다. 맥아더 장군은 "고위급 장교는 직위와 교리에 어긋난다고 해서 침묵해서는 안 된다"라고 말했다.

7년 후, 밋첼 장군의 초기 비평가 중 한 명이었던 프랭클린 델러노 루즈벨트 Franklin D. Roosevelt는 그의 가장 든든한 지지자가 되었다. 1942

년, 독일 상공은 미국 폭격기로 가득 차게 되었고, 1947년에는 의회의 법안에 의해 미국 공군이 창설되었다. 역사는 밋첼 장군이 심각한 비판과 경력의 위협에 직면한 상황에서도 확고한 지지와 공군력에 대한 원칙적인 입장을 유지하며 대응한 것으로 기록하고 있고, 그는 공군의 아버지로 영원히 기억될 것이다.

심각한 영향을 미치는 어려운 결정은 신중한 사고를 요구한다. 나의 군 경력에서 종종 내가 옳다고 알고 있는 것과 다른 사람들의 기대나 편의성 사이에서 고민하게 될 때가 있다. 이럴 때마다 나는 "내가 긴 녹색 탁자 앞에 설 수 있을까?"라는 말을 떠올렸다. 당신의 결정을 판단하는 합리적인 사람들 앞에서 당신의 결정이 도덕적, 법적, 윤리적이며 조직의 목표와 목적에 들어맞는다고 정당화할 수 있는가? 그렇지 않다면 당신의 행동을 다시 고려해 봐야 한다. 하지만 당신이 당당하게 자신의 행동을 정당화할 수 있다면, 합리적인 사람들이 그것을 그렇게 볼 것이라면, 자기 신념을 지지하고 어려운 선택을 해야 한다.

2001년, 휴스턴에 위치한 에너지 및 상품 거래 기업인 엔론 Enron Energy Corporation은 시스템적으로 그리고 고의로 고객을 사취하는 것으로 밝혀졌다. 이로 인해 회사의 임원들은 감옥에 가게 되었고, 엔론의 해체와 동시에 세계 최고의 회계 회사 중 하나의 몰락을 초래했다. 베서니 맥린 Bethany McLean과 피터 엘킨드 Peter Elkind의 통찰력 있는 책《세상에서 가장 똑똑한 사람들 : 엔론의 놀라운 부상과 스캔들 그리고 몰락》에서 그들은 조직 내 몇몇 임원들이 무언가 잘못되었다는 것을 알고 있었지만, 회사가 수백만 달러를 벌고 있어서 그냥 넘어갔다고 지적한다.

이 임원들은 자신의 행동을 여러 가지 방식으로 합리화했고, 명백한 부패에 절대로 맞서지 않았다. 책의 맺음말에서 저자들은 고발당한 임원들의 사후 합리화는 첫 번째로 엔론 사건을 일으킨 마음가짐과 놀랍게도 비슷했다. 그들은 좁은 규칙에 기반을 두고 있었고, 단어의 미세한 차이에 꿰맞춰서 합법적이라고 언급했다. 다시 말해, 임원들은 많은 돈을 벌고 있기에 나쁜 행동을 합리화할 방법을 찾고 있었다.

같은 맥락에서 여러 대학도 운동선수 모집 규칙을 늘려 우회하거나 성적으로 부도덕한 행동을 무시하거나 큰 금액을 기부한 사람에게 특권을 부여하는 등의 행동을 보였다. 이들은 전국 선수권 대회, 노벨상 혹은 큰 기부금을 얻는 것이 학생들에게 더 많은 혜택을 제공할 것이라고 자신들의 행동을 정당화했다. 머지않아 모든 리더의 행동은 외부적으로나 내부적으로 조사받게 될 것이다. 많은 기업과 제도를 망치는 잘못된 걸음을 피하려면, 모든 결정과 행동에는 다음 세 가지 원칙을 적용해야 한다. 그것이 윤리적인가, 법적인가, 도덕적인가?

윤리적이라면 그것이 규칙을 따르는가?

합법적이라면 그것이 법을 따르는가?

도덕적이라면 그것이 당신이 옳다고 생각하는 바를 따르는가?

대부분 사람은 도덕적으로 옳고 그른 것을 아는 것이 때때로 모호할 수 있다고 생각하지만, 그렇지 않다. 나쁜 결정을 내리고 그 결과를 감수해야 했던 부하 직원들과 상급자들의 이야기에 따르면, 대개 "머릿속에 그것이 옳지 않다는 생각이 있었지만……." 하고 말한다. 그러나 그들은 그것을 정당화할 방법을 찾았다. 나는 지휘관으로서 어려운 결정에 직면했을 때 거의 항상 올바른 답을 알고 있었음을 깨달았다. 단지 옳은 답은 받아들이기 어렵고, 결정을 내리기 어려울 수 있다. 우리는 고립된 세계에 살고 있지 않기 때문이다. 어려운 결정을 내리는 것이 때로는 친구를 잃게 만들 수도 있다. 사람들은 당신을 비난할 수 있다. 단기적인 이득이 손실될 수 있다. 심지어 군사 재판을 받을 수도 있다. 그러나 당신이 언젠가는 당신의 행동에 책임져야 한다는 것을 이해한다면, 윤리적이고 합법적이며 도덕적인 행동을 하기로 마음먹었다면, 당신은 역사의 올바른 편에 서게 될 것이다.

- **Tipping point**

1. 모든 결정이 윤리적이고 합법적이며 도덕적임을 보장해라.

2. 합리적인 사람들이 당신의 행동을 긍정적이고 품위 있는 것으로 받아들일지 자문해 보자.

3. 어느 시점에서 당신의 행동에 대해 책임을 져야 한다. 항상 옳은 일을 해라.

18

항상 짝과 함께하라

"많은 사람이 당신의 리무진을 타고 싶어 하지만,
당신이 원하는 사람은 리무진이 고장 났을 때
함께 버스를 탈 사람이다."

_ 오프라 윈프리 *Oprah Gail Winfrey*

개구리 용사가 다른 개구리 용사에게 할 수 있는 최고의 칭찬 중 하나는 그를 '나와 함께 수영하는 짝'이라고 부르는 것이다. 이 간단한 말은 우리가 어떻게 살고, 어떻게 싸우며 때로는 어떻게 죽는지에 대한 모든 것을 전달한다. 가장 어두운 밤에 물속에서, 당신의 옆에서 수영하는 사람이 당신의 짝이다. 짝은 잠수 중에 당신의 공기가 다 떨어졌을 때 공기를 공급해 주거나, 배 아래로 엉킨 줄을 풀어주거나, 원치 않는 것들을 쫓아낼 준비를 항상 하고 있다.

　낙하산을 탈 때, 당신이 뛰기 전에 낙하산을 점검해 주는 것도 당신의 수영 짝이며, 수영 짝은 올바른 고도에서 내가 낙하산을 펼 수 있도록 도와준다. 그리고 당신의 옆에서 적진에 착륙하는 것은 수영 짝이다. 전장에서 정찰할 때도, 당신의 수영 짝은 당신의 옆에서 함께 걷고 적과 싸울 수 있도록 도와주는 사람이다. 그리고 때로는 당신을 위해 목숨을 바치는 것도 수영 짝이다.

네이비 실 훈련 초기에 당신은 어떤 일도 수영 짝이 없이는 하지 않는다는 것을 배웠다. 수영 짝은 잠수 짝을 넘어서 보호자이자 친구였고 힘든 상황에서 당신을 구해줄 구원자였다.

나는 화상회의 전화를 종료하고 충격에 빠진 채 앉아 있었다. 포트브래그의 의사들이 아프가니스탄 바그람에 있는 내 본부에 전화를 걸어 골수 조직검사 결과가 방금 나왔음을 알려줬다.

나는 암에 걸렸다.

화상회의에 나온 세 명의 의사는 "이것은 암 중에서 나쁘지 않은 종류입니다."라고 말하며, 그 암이 치료가 가능한 것이라고 장담했지만, 내 해군 특수전 경력은 끝이 날 가능성이 크다고 했다.

마음을 가라앉히기 위해 몇 번의 깊은숨을 들이마셨고, 작은 방에서 나와 복도를 따라 사무실로 돌아갔다. 주임원사 크리스 파리스가 나를 기다리고 있었는데, 파리스 원사는 5년 동안 나와 함께한 나의 오른팔이었다.

전쟁에 대한 사실은 모든 결정을 복잡하게 만든다. 지휘관으로서 당신은 임무를 위해 옳은 일, 부대를 위해 옳은 일, 도덕적인 것을 위해 옳은 일을 할지 고민한다. 이들이 늘 상호적으로 일치하는 것은 아니다. 파리스는 내 도덕적 올바름이 항상 북쪽을 향하도록 했다.

"사령관님, 오늘 하루 어떠십니까?"

파리스 원사가 문을 열고 들어오며 내게 미소를 지었다.

"괜찮습니다."

나는 그의 말에 집중하기가 어려웠다.

"괜찮습니까?"

파리스 원사가 물었다. 나는 땅을 보며 얘기했다.

"네, 괜찮습니다."

파리스 원사는 방 중앙에 있는 나의 참모 아트 셀러스 소령을 힐끗 쳐다보았고, 늘 사이가 좋은 그들은 지금 마치 텔레파시로 의사소통하는 것처럼 보였다.

"좋습니다, 사령관님. 대체 무슨 일입니까?"

파리스 원사가 물었다. 내가 안쪽 방으로 들어가자 파리스 원사가 따라왔다.

"방금 포트브래그의 의사들과 화상회의를 마쳤어요."

"그래서요?"

파리스 원사는 다소 망설이며 말했다.

"그들이 내 몸에 암이 있다고 합니다."

파리스 원사는 조용해졌다.

"얼마나 심각하십니까?"

"관리가 가능하다고는 하지만 즉시 포트브래그로 돌아가 치료를 시작해야 한다고 했습니다."

파리스 원사가 자리에 앉았고, 그는 이 상황을 어떻게 대처할지 고민하는 것 같았다.

동정? 불쌍히 여기기? 희망을 줄까?

"사령관님, 걱정하지 마십시오. 이것도 잘 이겨내실 겁니다!"

파리스 원사는 시계를 쳐다봤다. 아침 작전 및 정보 브리핑 시간이 다가왔다. 전 세계적인 명령을 포함한 간단한 브리핑이었다.

"사령관님, 회의실로 가셔야 합니다."

나는 아무것도 준비되지 않았다. 파리스 원사는 책상 바로 앞에 서서 내 얼굴을 똑바로 바라보며 말했다.

"우리는 여전히 해야 할 임무가 있고, 대원들은 사령관님을 믿고 있습니다."

내가 듣고 싶었던 말은 아니었다. 파리스 원사가 나를 공감해 주길 바랐다. 내가 상처받고 있음을, 그들의 지지가 필요하다는 것을 세상에 알리고 싶었고, 누군가가 나를 불쌍히 여겨주길 바랐다.

"사령관님, 이제 가시지요."

파리스 원사가 단호하게 말했다. 마지못해 의자에서 일어나 지휘소를 향해 긴 복도를 걸어갔다. 내가 지휘소에 들어서자 모두가 일어섰다. 나는 테이블 중앙에 자리를 잡았다. 나는 고군분투하고 있었고, 그들은 모두 나의 발언을 기다리고 있었다.

내가 말하기도 전에 파리스 원사는 어젯밤의 부상자 보고서를 요청했다.

'누가 다쳤습니까? 사망자가 있습니까?'

몇몇 부상자들의 보고가 전시되자, 파리스 원사는 나에게 그런 표정을 지어 보였다. 나는 전에 그런 표정을 백 번쯤 본 적이 있었다. 그것은 바로 이런 말과 같았다.

'사령관님, 듣고 계십니까?'

'네, 들었습니다. 이해했습니다.'

급조폭발물에 부상을 입은 젊은 장병들과 비교했을 때 나의 사소한 진단 따위를 비교할 바가 될까? 내가 무엇에 대해 불평해야 했는가?

'나는 지휘관이다. 망할! 나는 내 책무를 다해야 한다!'

파리스 원사는 부상자 몇 명에 관해 묻고 나서 마이크를 다시 내게 넘겼다. 그의 얼굴에 아는 체하는 미소가 떠올랐다. 그는 정확히 내가 필요한 일을 해주었다.

이제 내가 나서야 할 때였다.

파리스 원사가 함께했던 지난 몇 년 동안 우리는 수십 번의 전투를 수행했고, 인질들을 구출하고, 시설들을 급습하며, 미사일 공격을 수행하기 위해 매우 민감한 작전에 참여했다. 모든 임무가 원활하게 진행된 것은 아니었고, 이들은 종종 나의 경력에도 타격을 입혔으며, 때로는 지휘의 부담이 너무 컸다. 만약 파리스 원사의 변함없는 지지가 없었다면, 그리고 만약 파리스 원사가 언제 말해야 할지, 언제 위로하고, 언제 질책하며, 언제 농담할지를 아는 능력이 없었다면, 나는 이렇게 잘 지휘하지 못했을 것이다.

건강진단을 받은 후, 파리스 원사는 내가 중요한 것에 집중할 수 있게 도와주었다. 옳다고 생각할 때 공감해 주었지만, 절대로 내가 스스로 불쌍하다고 느끼게 두지 않았다. 그것은 거친 사랑이었다. 자신이 세상에서 유일하게 문제가 있다고 생각할 때 필요한 종류의 사랑이다. 좋은 수영 짝이 있기에 당신은 주저하지 않는다.

그해 나는 암을 치료할 수 있었고, 나의 경력은 계속해서 발전하였으며, 파리스 원사와 함께 우리는 오사마 빈 라덴을 제거하는 임무를 수행했다.

나는 기업의 최고경영자들이 종종 일상적인 리더십 압박을 견딜 만큼 강하다고 믿는 조직을 많이 봐 왔다. 그들은 조직 내 누구에게라도 약점을 보이는 것이 자기 입장을 약화시킨다고 생각한다. 리더들은 보통 "나쁜 날은 있을 수 없다"라고 말하지만, 이것은 공개적인 태도일 뿐이다. 대중 앞에서, 직원 앞에서, 주주 앞에서, 리더는 절대로 불평하거나 패배감이나 낙담을 드러내서는 안된다. 그렇게 하면 그들의 우울한 태도가 조직 전체에 불길처럼 퍼질 것이다. 그러나 리더에게도 나쁜 날은 있다. 리더도 어떤 이에게는 이야기할 필요가 있다. 모든 리더는 신뢰할 수 있는 사람을 찾아야 한다.

수영 짝은 삶에서 꼭 필요한 존재이다. 그 조력자가 함께하는 조종사, 선원, 형제, 자매, 남편, 아내 등 누가 될지 모르지만, 훌륭한 수영 짝이 없다면 당신은 나쁜 결정을 내릴 운명에 처하게 될 것이고, 때로는 혼자 삶의 어려움에 빠져들거나 자기 연민에 빠져들 것이며, 당신이 하는 어떤 것도 만족스럽지 못할 것이다. 파란 만장한 삶의 물속에서 항상 훌륭한 수영 짝이 필요하다는 것을 모든 개구리 용사는 잘 알고 있다.

· Tipping point

1. 확실히 믿을 수 있는 사람을 찾아라. 큰 스트레스를 받을 때 그들에게 기댈 준비를 해라.

2. 그들의 지지와 비판을 받아들여라.

3. 다른 사람에게도 좋은 수영 짝이 되어라. 어딘가에 당신을 필요로 하는 사람이 있다.

에필로그

스티븐 프레스필드 Steven Pressfield는 그의 베스트셀러 소설인 《불의 문》에서 기원전 480년의 테르모필레 전투 이야기를 풀어냈다. 크세르 크세스 왕의 지휘 아래 15만 명의 페르시아 군대가 그리스로 진군하고 있었고, 서양 세계의 파괴와 크세르크세스 왕 사이에 서 있는 유일한 것은 레오니다스 왕이 이끄는 300명의 스파르타 군인들뿐이었다.

스파르타 군인들은 테르모필레의 좁은 통로를 확보하고 레오니다스 왕의 지휘하에 3일 동안 페르시아군에 맞서 싸웠지만, 결국 난 한 명올 제외하고는 모두 죽임을 당했다. 그러나 페르시아군의 피해가 너무 컸 기에 결국 크세르크세스 왕은 물러났고, 다시는 돌아오지 않았다.

페르시아군이 그리스를 떠날 때, 크세르크세스 왕은 생존한 스파르 타 군인 한 명을 자신의 앞으로 데려왔다. 스파르타 군인은 전투로 인해 심하게 다친 상태임에도, 크세르크세스 왕 앞에 위엄 있게 섰다. 크세르크세스 왕은 300명의 스파르타 군인들이 왜 그렇게 열심히 싸웠는지 알고 싶었다. 그들은 왜 이 레오니다스 왕을 위해 모든 것을 희생했던 것일까? 그렇게 훌륭한 지도자를 만든 것은 무엇이었을까?

스파르타 군인은 다음과 같이 대답했다.

"레오니다스 왕은 자신의 군인들이 전투에서 피를 흘릴 때 침실에서 편히 쉬지 않았습니다. 왕은 군인들이 굶주리는 동안 식사를 즐기지 않았고, 군인들이 성벽 위에서 경계를 서고 있을 때 잠들지 않았습니다. 왕은 군인들에게 두려움을 통해 충성을 강요하지 않으며, 금으로 그들을 사지 않았습니다. 왕은 자신의 땀과 고난으로 군인들의 사랑을 얻으며, 가장 힘든 부담을 먼저 들어 올리고 마지막에 내려놓았습니다. 왕은 그를 따르는 자들에게 복종을 요구하지 않고 제공합니다. 왕은 사람들을 지배하기 위해 자신의 재산을 소모하지 않으며, 자신의 행동과 예를 통해 그들을 자유롭게 만듭니다."

《불의 문》은 전투를 가상화한 이야기이지만, 스파르타 최후 군인의 말보다 뛰어난 리더십 설명은 없다. 하지만 우리 중 많은 사람이 레오니다스 왕이 아니며, 대부분 리더십은 세계를 구하는 수준으로 높아지지는 않을 것이다. 그러나 침략하는 군대를 막거나 커피숍에서 소규모 팀을 이끄는 경우에도 리더십 원칙은 여전히 적용된다.

가장 중요한 것은 정직한 리더가 되려는 노력이다. 정직하고 공정하며 거짓말을 하지 말고, 속이거나 훔치지 마라. 자신에게 맞는 도덕적인 규범을 찾아라. 미국 육군사관학교 규칙, 스카우트 약속, 히포크라 테스 선서, 성경, 코란 등의 구문을 기억하자. 윤리적인 행동을 채택하고, 비록 실수하더라도 영예로운 삶을 되찾을 수 있다는 것을 명심하라. 또한 정직한 리더로서 행동하면 조직 내에 강한 문화를 형성하게 된다. 모든 조직문화는 결국 최고 관리자로부터 시작되기 때문이다. 양심적인 행동 기준을 충족시키지 않는다면, 다른 사람들도 그에 맞추기 어려울 것이다.

성품 있는 사람이 되는 것은 리더십의 기반이지만, 그 자체만으로는 성공할 수 없다. 능력도 갖추어야 한다. 선량한 성품과 능력을 모두 갖추면 상사, 동료 및 부하들의 신뢰를 얻게 된다. 신뢰를 얻으면 사람들은 당신을 따를 것이고, 신뢰가 없다면 언제나 혼자 언덕을 향해 돌진하거나 통로를 지키게 될 수도 있다.

리더로서 조금은 자신감을 가져야 한다. 자신이 일을 잘 해낼 준비가 되어 있다는 건강한 자신감을 가져야 한다. 당신의 자신감은 다른 사람들에게도 자신감을 심어줄 것이다. 어려움을 극복할 수 있을 것이라는 자신감, 어떤 장애물이 있든지 상황에 맞게 일어서 이끌 것이라는 자신감이 필요하다. 하지만 자만심을 자신감으로 착각하지 마라. 팀의 모든 구성원의 가치를 볼 수 있을 만큼 겸손해야 한다. 또한 필요할 때 조언을 구하기 위해서 충분히 겸손해야 한다. 자신감과 겸손이 모순되는 것은 아니다.

리더가 되는 것은 때로는 힘들기도 하다. 코로나 바이러스의 최전방에서 싸우는 의사와 간호사들을 상상해 봐라. 쌍둥이 빌딩의 최초의 구조자들, 이라크 라마디의 젊은 육군 대위들, 아프가니스탄의 여성 전투팀들을 상상해 봐라. 그들의 하루는 길 것이고, 늘 큰 위험이 도사리며, 때로는 견딜 수 없는 압박감이 있었을 것이다.

리더가 되는 것은 조직의 모든 부담이 당신의 어깨에 실리는 것처럼 느껴지는 일이다. 그래서 리더가 되려면 강인함이 필요하다. 물리적으로, 감정적으로 그리고 정신적으로 강해야 한다. 당신의 힘을 통해 직원들도 힘을 얻겠지만, 피로하고 지친 상태를 보이거나 도전에서 기운이 빠지면 직원들의 에너지가 고갈되고 조직이 손상된다.

문제는 리더십의 핵심이다. 영국군과 싸우던 엉성한 군대, 해체되는 국가 연합, 코앞에 있는 일본 제국 함대, 폭발하는 석유 굴착 장치, 공급망 파괴, 학교에 대한 부모들의 불만 등 모든 어려운 문제에 대처할 준비가 되어 있지 않다면, 리더십 능력이 없는 것이다. 어려운 도전에 대처하는 유일한 방법은 정면으로 마주하는 것이다. 망설이지 말고, 문제를 얼버무리지 말고, 낮은 계급의 누군가에게 맡기지 말고, 주도권을 쥐고 양발로 뛰어들어야 한다.

우리는 모두 마음속으로는 속임수를 쓰는 코치, 페니 주식에 베팅하는 금융인, 대담한 습격을 계획하는 장군 등과 같이 도전을 두려워하지 않는 사람을 좋아한다. 우리는 승산이 없을 때 그것에 더욱 열광한다. 그리고 우리의 지도자들이 위험을 감수하는 사람이 되기를 바란다. 위험을 감수하지 않고는 얻는 것이 아무것도 없음을 잘 알기 때문이다.

　하지만 항상 명심해라. 리더로서 당신은 직원들의 행복, 회사의 자원, 조직의 미래에 대해 부주의해서는 안 된다. 위험을 감수하되 철저한 계획, 준비 및 적절한 실행을 통해 위험을 관리해야 한다.

　성공한 리더는 일반적인 사람들과 구별되는 개인적인 특성이 있다. 그들은 존경스럽고 신뢰할 수 있으며, 자신감 있지만 겸손하며, 인내력과 주도력을 가지고 있으며, 위험을 두려워하지 않는다. 이러한 특징들은 좋은 리더십의 기반이다. 그러나 좋은 리더는 목표를 달성하기 위해 행동을 취해야 한다.

　노트르담 대학의 존 젠킨스 총장은 "우리는 절대 작은 꿈을 꾸어서는 안 된다"라고 말했다. 세상의 위대한 리더들은 결코 꿈을 작게 꾸지 않았다. 그들은 대담한 비전이 있다. 달에 사람을 보내고, 천연두를 조사하고, 모두에게 평등하고, 지속 가능한 에너지로 세계를 건설하고, 고등학교 팀을 우승으로 이끌거나, 새로운 사업 모델을 구축하기 등의 비전이 있다. 그리고 그 비전 외에도 리더들은 세부적인 계획과 노력에 대한 확고한 기반을 다져야 한다. 계획의 중요한 원칙은 어떤 계획이든 완벽하게 실행되지 않음을 이해하는 것이다. 우연과 불확실성이 필연적으로 작용한다. 그 계획이 대규모의 전략적인 일인지 작은 전술적인 일인지에 상관없이 항상 주변 상황에 맞게 계획을 조정할 준비를 해라. 항상 B 계획을 가지고 있어야 하고 때로는 계획 C, D, E도 필요하다.

모든 비전, 모든 기업 전략, 모든 위대한 계획은 조직을 탁월한 수준으로 이끌기 위해 리더가 설정한 기준점임을 식별해야 한다. 직원들은 도전을 받고 싶어 한다. 그들은 탁월한 팀에 속하여 높은 기준, 높은 기대치 및 목표를 가진 팀원이 되고자 한다. 모두가 승자가 되고 싶어 한다. 내가 함께 일했던 모든 위대한 리더는 그들의 부하들과 고난을 함께 나눌 필요성을 이해했다. 부대원들을 위해 공장 바닥, 거래소, 창고, 병원 혹은 도랑에서 시간을 보내는 것은 부하들의 존경을 빠르게 얻는 데 도움이 된다.

대표 사무실 혹은 가장 큰 작업실 등은 당신이 부하 직원들보다 위에 있어야 한다고 당신을 함정에 빠트릴 수 있다. 그러나 현실은 그렇지 않다. 어디서든 리더로서 앉아 있지 마라. 사무실에서 나와 직원들과 시간을 보내라. 이렇게 하면 그들의 작업에 대한 감사함을 느끼게 될 것이고, 그들이 무슨 일을 하는지, 어떤 도전에 직면하는지, 어떻게 사업을 개선할 수 있는지에 대해 이해하게 될 것이다.

리더로서 당신의 역할은 조직이 가능한 한 효율적이고 효과적으로 운영되도록 하는 것이다. 이것은 지속적이고 적절한 감독을 의미한다. 부하 직원들은 좋아하지 않겠지만, 이것은 당신의 최우선 과제이다. 또한 직원들이 감사에 참여하고 스스로 감사받는다는 것을 알게 되면, 그들은 이를 기꺼이 받아들이며 중요하고 가치 있는 작업으로 인식하게 된다.

이러한 모든 단계를 통해 명확한 의사소통은 조직 전체를 연결시키는 데 도움이 된다. 따라서 비전을 제시하거나, 전략을 구축하거나, 계획을 수립하거나, 공장을 점검하더라도 항상 당신의 목표, 기대치 그리고 무엇보다 감사와 의사소통하는 것을 확실히 해야 한다. 직원들은 조직을 위해 설정한 방향을 좋아할 수도 있고 그렇지 않을 수도 있지만, 당신이 어떤 생각을 가지고 어디로 향하고 있는지를 알고 있다는 사실은 좋아할 것이다.

제퍼슨은 이렇게 말했다. "내가 더 열심히 일할수록 나에게 더 많은 행운이 따른다" 나는 이에 덧붙여 리더십 도구함에 있는 것 중 열심히 일하는 것만큼 가치 있는 것은 없다고 말하고 싶다. 열심히 일하는 것은 기회를 창출한다. 열심히 일하는 것은 당신의 지식, 이해력, 공감, 통찰력을 증가시킨다. 열심히 일하는 것은 당신의 부족한 재능을 극복할 것이다. 그리고 리더로서 비틀거릴 때, 그 어떤 것도 열심히 일하는 것만큼 빠르게 피해를 복구하는 것은 없다.

정의에 따르면, 모든 리더는 어떤 것에 대해 책임이 있다. 만약 당신이 커피숍, 햄버거 가게, 소매점, 초등학교, 고등학교, 대학교, 기업 사무실, 병원, 월스트리트 은행 또는 정부 기관을 책임지고 있다면, 당신도 또한 책임이 있다. 위대한 리더는 이러한 책임을 받아들인다. 항상 당신의 행동과 결정이 도덕적, 법적, 윤리적임을 확실히 해야 한다.

마지막으로, 어떤 리더도 직무 압력에서 벗어나지 못한다. 성공을 위해서는 우리 모두 넘어질 때 우리를 일으켜 세워주고 먼지를 털어주며 앞으로 나아가도록 격려해 줄 강한 파트너가 필요하다. 진실을 이야기해 주고 가혹한 사랑을 제공하며 편견 없이 비평하며 어려운 시기를 함께 이끌어 줄 파트너이다. 위대한 리더 뒤에는 항상 훌륭한 파트너가 있다.

콜린 파월 Colin Powell의 책 《실전 리더십》에서 장교 클럽에 앉아 있던 늙은 장군에게 갓 부임한 육군 소위가 다가가는 이야기를 들려준다. 장군이 세 번째 마티니를 마시고 있을 때 젊은 소위가 용기를 내어 장군에게 다가오고 장군은 매우 정중하게 대응한다. 약간의 소소한 대화 후에 마침내 소위는 그가 몹시 묻고 싶었던 질문을 던진다.

"장군님, 어떻게 하면 장군이 될 수 있습니까?"

소위가 물었다.

"음, 개처럼 일하고 공부를 멈추지 않으며, 병사들을 열심히 훈련시키고 돌보아 줘. 네 지휘관에게 충성하고 최선을 다해 병사들과 모든 임무에서 최선을 다해라. 그리고 군대를 사랑해라. 임무와 병사들을 위해 죽을 준비가 되어 있어야 해. 그게 다야."

소위는 대답한다.

"와우, 그래서 그렇게 하면 장군이 되는 겁니까?"

"아니, 그게 중위가 되는 방법이야. 그냥 그걸 반복하고 네가 어떤 녀석인지 보여주기만 하면 돼."

리더십은 어려우며 리더십의 위치에서 40년이 지난 지금도 어떻게 더 나은 리더가 될 수 있는지 배우고 있다. 나는 강의를 하며 학생들로부터, 직장 동료들로부터, 동료 이사들로부터, 가족과 친구로부터 배운다. 그러나 옛 장군의 충고와 같이 내가 리더십에 대해 알고 있는 한 가지는 매일 최선을 다하고 내가 가진 것을 그들에게 보여주는 것이다. 그리고 항상 기억해야 할 것은 리더십이 어렵기는 하지만 복잡하지는 않다는 것이다.

지금까지 전한 이 오래된 '황소개구리의 지혜'가 당신이 더 나은 리더로 가는 여정에 많은 도움이 되길 바란다.

옮긴이의 말

이 책은 특수작전과 관련된 다양한 업적과 훌륭한 리더십으로 국내 외에서 인정받는 맥레이븐 제독의 리더십에 관한 책이다. "세상을 바꾸고 싶다면 침대부터 정리해라 If you want to change the world, start off by making your bed"라는 짧고 강렬한 메시지로 많은 대중에게 알려진 맥레이븐 제독은 작은 것 하나부터 바꾸는 습관이 결국은 세상을 변화시킨다는 삶의 교훈에 대해 강조했다.

맥레이븐 제독은 1977년 미국 텍사스 오스틴 대학교를 졸업한 뒤 해군 장교로 임관하여 악명 높은 미국 해군 네이비 실 BUD/S(Basic Underwater Demolition/SEAL) 훈련에 지원한다. BUD/S 훈련은 미국 캘리포니아주 샌디에이고 코로나도섬에서 약 6개월간 진행되는 해군 특수전 훈련으로서 지원자의 약 80%가 탈락할 정도로 그 강도가 상상을 초월한다.

194

사실 나는 그 누구보다도 맥레이븐 제독의 마음을 공감한다. 나 역시 2017년 맥레이븐 제독이 힘겨운 날들을 보낸 코로나도섬에서 약 6개월간의 BUD/S 훈련을 마치고 수료했다. 뼈까지 시린 추위와 싸우며, 바닷물과 모래에 뒤범벅되어 아침부터 잠들기 전까지 몸 전체에 스며드는 찝찝함 그리고 턱 끝까지 밀려오는 고통에도 끊임없는 훈련들은 정말 상상을 초월한다. 그 당시 나는 인간이기를 포기하며 살았다는 게 맞을 것이다.

하지만 그런 고통 속에서도 인생의 그 무엇과도 바꿀 수 없는 가르침을 얻었다. 중요한 것은 먼 미래를 바라보며 이 고통이 끝나기를 바라는 것이 아니라, 부족했던 부분을 보완하고 오늘은 어제보다 더 좋은 모습을 보이겠다고 다짐하는 것이 그 무엇보다 강력한 무기라는 것을 깨달았다.

자신만의 비전으로 장애를 극복한 헬렌 켈러의 강인한 정신력처럼 어떠한 상황에서도 포기하지 않는 마음가짐은 우리의 삶에서 그 무엇보다도 중요하다. 지금 이 순간에도 위대한 일을 위해 끊임없이 노력하는 대한민국 국군 장병분들과 해군 특수전전단UDT/SEAL 장병분들께 감사를 표하며 이 책의 영광을 모두에게 바친다.

옮긴이 이재욱

윌리엄 H. 맥레이븐
리더의 지혜

초판 1쇄 인쇄 2023년 11월 10일
초판 1쇄 발행 2023년 11월 15일

지은이 윌리엄 H.맥레이븐
옮긴이 이재욱
펴낸이 박수길
펴낸곳 (주)도서출판 미래지식
디자인 (주)프리즘씨 · 이소희

주소 경기도 고양시 덕양구 통일로 140 삼송테크노밸리 A동 3층 333호
전화 02)389-0152
팩스 02)389-0156
홈페이지 www.miraejisig.co.kr
전자우편 miraejisig@naver.com
등록번호 제 2018-000205호

ISBN 979-11-91349-91-7 03190

＊ 미래지식은 좋은 원고와 책에 관한 빛나는 아이디어를 기다립니다.
  이메일(miraejisig@naver.com)로 간단한 개요와 연락처 등을 보내주시면
  정성으로 고견을 참고하겠습니다. 많은 응모바랍니다.